【江门市博物馆华侨文化丛书】

中华百年护照故事

Zhonghua Bainian Huzhao Gushi

高东辉 ◎ 编著

广州·

中山大学出版社
SUN YAT-SEN UNIVERSITY PRESS

版权所有　翻印必究

图书在版编目（CIP）数据

中华百年护照故事/高东辉编著. —广州：中山大学出版社，2018.5
（江门市博物馆华侨文化丛书）
ISBN 978-7-306-06325-0

Ⅰ. ①中… Ⅱ. ①高… Ⅲ. ①出入境管理—史料—中国 Ⅳ. ①D631.46

中国版本图书馆 CIP 数据核字（2018）第 069504 号

出 版 人：	徐　劲
策划编辑：	吕肖剑
责任编辑：	周明恩
封面设计：	林绵华
责任校对：	张红艳
责任技编：	何雅涛
出版发行：	中山大学出版社
电　　话：	编辑部 020 - 84111946，84113349，84111997，84110779
	发行部 020 - 84111998，84111981，84111160
地　　址：	广州市新港西路 135 号
邮　　编：	510275　　　　传　真：020 - 84036565
网　　址：	http://www.zsup.com.cn　E-mail：zdcbs@mail.sysu.edu.cn
印 刷 者：	广州家联印刷有限公司
规　　格：	787mm×1092mm　1/16　12.75 印张　235 千字
版次印次：	2018 年 5 月第 1 版　2018 年 5 月第 1 次印刷
定　　价：	48.00 元

如发现本书因印装质量影响阅读，请与出版社发行部联系调换

目　　录

绪　论 …………………………………………………………………… 1

第一章　中华护照源流 …………………………………………………… 5
第一节　护照概述 ……………………………………………………… 5
第二节　中国护照历史 ………………………………………………… 9
一、中国古代护照的历史形态 ……………………………………… 9
二、中国古代关于护照的故事 …………………………………… 16
三、中国近代护照的产生 ………………………………………… 21

第二章　清代的中国护照 ………………………………………………… 26
第一节　清代护照制度 ………………………………………………… 26
第二节　清代护照图赏 ………………………………………………… 35
一、旧金山美国华侨护照 ………………………………………… 35
二、古巴华侨护照 ………………………………………………… 50
三、南非华侨护照 ………………………………………………… 54
四、1909年日本驻厦门领事馆发给林尔嘉的护照 ……………… 59

第三章　民国时期的中国护照 …………………………………………… 63
第一节　民国护照制度史 ……………………………………………… 63
第二节　民国护照的管理 ……………………………………………… 70
一、民国护照的防伪技术和手段 ………………………………… 74
二、护照打假 ……………………………………………………… 76
第三节　民国护照图赏 ………………………………………………… 76
一、北美华侨护照 ………………………………………………… 76

二、南洋华侨护照 ……………………………………………… 107
三、拉丁美洲华侨护照 …………………………………………… 150
四、非洲华侨护照 ………………………………………………… 161
五、其他地域华侨护照 …………………………………………… 165

第四章　新中国护照 …………………………………………… 174
第一节　新中国护照制度概述 ………………………………… 174
第二节　新中国护照图赏 ……………………………………… 179
一、1951年版护照 ………………………………………………… 179
二、1955年版护照 ………………………………………………… 183
第三节　新中国护照代用证件 ………………………………… 184
一、国际性护照代用证件 ………………………………………… 184
二、区域性护照代用证件 ………………………………………… 191

参考文献 ………………………………………………………… 199

绪　论

"护照"是一个国家的公民出入本国国境和到国外旅行或居留时，由本国发给的一种证明该公民国籍和身份的合法证件。

在清末国家贫弱、列强侵凌的历史背景下，当时远赴海外的国人往往备受欺凌，护照作为国家正式颁发的证件也经常遭受不被他国海关承认的屈辱，中国护照无法真正发挥保护海外侨胞权益的作用。1912 年，中华民国成立后，中国护照的地位仍然因为国内军阀割据、局势动荡、日寇入侵等原因在国际上遭到轻视，国人出行依然时时被刁难。1949 年，中华人民共和国成立后，随着国家发展壮大，经济日益腾飞，越来越多的中国人走出国门，中国护照在保障海外同胞安全与权益中发挥着越来越重要的作用。目前，数十个国家和地区已经对中国护照实行免签或落地签，国人出行更加便利。从护照的发展过程可窥见国家与个人的密切关系，只有祖国强大，国人在海外才能有尊严地生活和工作。

护照的产生、发展和演变犹如一面镜子，反映着移民史及外交史，护照无疑拥有巨大的研究价值。目前，国内关于护照的研究成果主要体现在以下几个方面：

第一，中国近代政府对外国人护照管理的相关问题。徐佳峰的《浅析晚清外国人游历护照制度》对游历护照的概念、颁发、盖印、查验和管理环节进行了探讨。① 周国瑞的《近代清鲜护照制度之确立论述》围绕晚清政府与朝鲜护照制度的确立这一个案，论述了清政府与朝鲜护照制度确立的现实依据、护照的发放及相关交涉，以及清政府与朝鲜护照的相关规定。② 柴松霞的《晚清时期外人游历护照交涉始末》围绕晚清政府与当时的列强关于游历护照的纠纷进行的交涉，双方争论的焦点包括游历护照内容的填写、签发盖印、如何管理以及有效期等具体问题。交涉过程既体现了法律制度的严密性，又反映了

---

① 徐佳峰：《浅析晚清外国人游历护照制度》，《法制与社会》2015 年第 26 期。
② 周国瑞：《近代清鲜护照制度之确立论述》，《求索》2012 年第 8 期。

在半殖民地半封建社会条件下，清政府的软弱无能及运用法律手段的苍白。① 柴松霞的《略论晚清政府关于来华外国人内地游历的执照制度》对晚清政府关于来华外国人所持游历执照的政策进行了概述，包括游历执照的分类、主要内容和实施的成效情况。文中将游历执照称作"护照"，但该文中的游历护照与现代意义上的"护照"有很大区别，它是一种专门注明前往内地游历的通行证件，但也起证明持照人身份的作用。② 宋伟荣的《民国时期来华外人护照管理探析》以鸦片战争为界，简要介绍了鸦片战争前后清政府对来华外人护照的管理办法，并概述了民国之前我国对来华外人护照的管理情况。该文还对民国时期我国来华外人护照的发领、查验的相关法规及其实施并逐渐完善的过程进行了详细的阐述，同时对民国时期我国来华外人护照签证的相关法规进行了论述。③ 胡忠良的《清政府如何颁发护照》简略介绍了清代给外国人颁发护照的历程。④

第二，研究中国护照制度的发展。高慧开的《中国护照近代化探微》追溯中国现代意义上的护照从形式到内容的演变过程，对信函式集体护照到单纸护照再到本式护照这一演变过程进行了分析论述。⑤ 何星亮的《中国现代"护照"的产生及其发展演变》一文，探究了中国历史上"护照"的由来及其发展变迁过程。从该文可以看到清政府对政治边界的认识越发清晰，对疆域的概念更为严格。⑥ 高东辉的《1882年美国华侨护照问题研究——以黄华饶之护照为例》以美国华侨黄华饶护照的形制和内容为切入点，介绍了在美国排华背景下中国政府对华侨护照问题的应对。⑦ 向党的《试论我国护照制度的形成与发展》一文，以历史为脉络，介绍了中国护照制度从古代、近代到现代的发展历程。⑧ 江云编著的《中国护照制度史》全面介绍了中华人民共和国成立后先后衍生的43个版本的中国护照及护照性代替证件的发展轨迹，运用翔实的史料总结归纳、分析思考，并综合运用多种方法提炼出了我国护照制度发展的

---

① 柴松霞：《晚清时期外人游历护照交涉始末》，《中北大学学报》（社会科学版）2011年第4期。
② 柴松霞：《略论晚清政府关于来华外国人内地游历的执照制度》，《时代法学》2007年第4期。
③ 宋伟荣：《民国时期来华外人护照管理探析》，湖南师范大学硕士学位论文，2014年。
④ 胡忠良：《清政府如何颁发护照》，《中华遗产》2007年第10期。
⑤ 高慧开：《中国护照近代化探微》，《武警学院学报》2001年第2期。
⑥ 何星亮：《中国现代"护照"的产生及其发展演变》，《思想战线》1998年第6期。
⑦ 高东辉：《1882年美国华侨护照问题研究——以黄华饶之护照为例》，《五邑大学学报》（社会科学版）2013年第1期。
⑧ 向党：《试论我国护照制度的形成与发展》，《中国人民公安大学学报》（社会科学版）1986年第4期。

规律性理论。① 张静的《中国护照"断代史"》将现代中国公民因私普通护照的 13 次变化分为三个时段。② 李佳禾的《简析我国护照制度及其发展》解释了护照制度的概念和主要内容，分析阐述了当前我国护照制度存在的主要问题，并对如何健全和完善我国护照制度提出了几点建议。③ 阎美宇的《浅析现行护照管理中的问题及对策》围绕背景展开论述，辨析护照管理的相关概念以及分析护照管理的现状，提出现行护照管理中存在的问题并对完善护照管理的途径进行探析。④ 何国峰的《试论我国护照制度的完善》着力阐述了护照制度的基本情况，包括护照的概念及其历史发展、护照制度的产生及发展、护照制度的主要内容。该文对我国护照制度的发展过程及现状做出了详细的分析，并对我国护照制度与外国护照制度做出比较，同时提出了完善我国护照制度的建议。⑤

第三，以知识性为主介绍护照。薛理勇的《中国清代护照》介绍了中国护照的起源和清末护照的样式，并指出"护照"作为证件名称在清朝后期就已经出现，但其作用或用途并不是一种身份凭证，而是由政府的相关部门或机构签发的携带禁运物品的"通行证"。⑥ 薛理勇的《中国护照起源》讲述护照作为正式文件名称使用的起源，认为护照的主要作用并不在于个人的身份凭证，而是一种由政府或主管机构开具的携带禁运品的凭证。⑦ 赵丽洁的《清代执照、护照、牌照一览》介绍了河北省档案馆珍藏的包括护照在内的清代证照。⑧ 公安部出入境管理局编的《中国护照纪实》汇集了我国从 1950 年至今各个时期使用的护照、出入境通行证、旅行证件及相关的管理规定。⑨ 范振水主编的《中国护照》一书，详细介绍了中国护照从古至今的发展演变历史，系统地对中国护照的起源以及各个朝代的护照雏形进行了细致的梳理和系统的介绍。⑩

国内关于中国出入境管理以及外交事务的相关研究著作，如《出入境证

---

① 江云：《中国护照制度史》，中国人民公安大学出版社 2014 年版。
② 张静：《中国护照"断代史"》，《瞭望东方周刊》2013 年第 6 期。
③ 李佳禾：《简析我国护照制度及其发展》，《中国科技纵横》2010 年第 8 期。
④ 阎美宇：《浅析现行护照管理中的问题及对策》，《湖南公安高等专科学校学报》2009 年第 6 期。
⑤ 何国锋：《试论我国护照制度的完善》，湘潭大学硕士学位论文，2003 年。
⑥ 薛理勇：《中国清代护照》，《上海文博论丛》2007 年第 1 期。
⑦ 薛理勇：《中国护照起源》，《寻根》2000 年第 5 期。
⑧ 赵丽洁：《清代执照、护照、牌照一览》，《档案天地》2007 年第 2 期。
⑨ 公安部出入境管理局编：《中国护照纪实》，金城出版社 2006 年版。
⑩ 范振水：《中国护照》，世界知识出版社 2003 年版。

件制度》①《中国出入境法律制度》②《中国公民出入境指南》③《中国领事工作》④ 等，都部分涉及护照，但因护照非其主要论述内容，都较为简略。

  此外，周雅淇的《江门五邑华侨华人博物馆馆藏近代护照研究》，以江门五邑华侨华人博物馆馆藏近代护照文物为基础，对清代护照和民国护照进行了分类整理，并分析了近代以来的护照制度以及中外护照的对比，是首个以护照实物为基础系统分析护照相关文化内容的研究成果。⑤

  2013 年 9 月和 10 月，国家主席习近平在出访中亚和东南亚国家期间，先后提出共建"丝绸之路经济带"和"21 世纪海上丝绸之路"重大倡议，中国的文化、人员交流将更加深入地走向世界的各个角落，为世界经济和文化发展注入新的活力，因此，需要我们根据新的形势改革包括证照体系在内的一系列政策和管理体系，以适应新形势的发展。目前，护照作为国人通行海外的必备证件已十分普遍，与普通中国人的关系越来越密切，随着世界上更多的国家和地区对中国护照实行免签或落地签，国人出行将更加便利。

  本书以图鉴的形式，梳理近百年来护照的发展和故事，让读者更加了解中国护照的历史。中国护照内涵博大精深，加之笔者水平和所掌握的文献资料有限，错漏之处在所难免，恳请读者批评指正。

---

  ① 公安部出入境管理局编：《出入境证件制度》，群众出版社 2008 年版。
  ② 项觉：《中国出入境法律制度》，中国人民公安大学出版社 1993 年版。
  ③ 项觉：《中国公民出入境指南》，群众出版社 2006 年版。
  ④ 中国领事工作编写组：《中国领事工作》，世界知识出版社 2014 年版。
  ⑤ 周雅淇：《江门五邑华侨华人博物馆馆藏近代护照研究》，中山大学硕士专业学位论文，2016 年。

第一章　中华护照源流

护照（Passport），其现代意义是指国家主管机关发给出国旅行、执行任务或在国外居住的本国公民的证件，以证明其国籍和身份。国际护照制度的实行起源于16世纪，19世纪开始被广泛采用，也是在19世纪，近代护照制度开始在中国建立，中国护照经历数千年的发展演变，终于与世界接轨。

第一节　护照概述

护照，作为一种在世界旅行、居留的主要法律证件，虽然已被各国普遍采用，但关于护照的概念，却没有形成统一的说法，目前关于护照的概念主要存在广义和狭义之分。狭义的护照是指一国政府发给本国公民在国际旅行、居留使用的有效证件，广义的护照泛指一国政府发给本国公民的护照以及护照的代用证件或国际机构的身份证明等。

护照，英文为"PASSPORT"，意为口岸通行证，该词起源于法文。中世纪时欧洲诸国林立（见图1-1），各国之间均设立关卡，通行时必须持有本国签发的身份凭证方能通过，这种凭证就是"PASSPORT"。因此，护照原本是一种通行证件。

在古代人类社会，邻近国家之间存在着各种交流活动，促使了原始形态护照的产生。当时国与国之间的正式交往仅限于政府官方层面，出国访问是政府的使节和国内的贵族、官员所享有的特权，他们使臣身份的证明是由国家的君主颁给的，因此，使节在国外是本国君主的代表，而为了证明他们的身份、地位和权利，出国的使节都持有本国君主赐给的信物凭证，如希腊的使臣都佩戴有一种标志，日本的使臣是携带佩刀，中国的使臣则是持节（见图1-2）出访等。这些信物形态各异，但功用都是证明出使人员身份，作为通关凭证，它们也是现代护照的早期形态。[①]

16至17世纪，随着世界经济的发展，国际交往开始增多，在欧洲，类似

[①] 项悦：《中国出入境法律制度》，中国人民公安大学出版社1993年版，第112页。

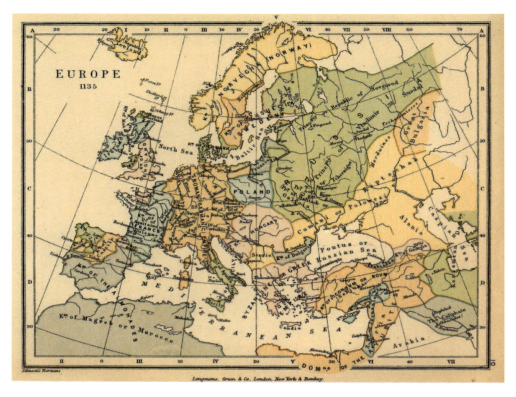

图 1-1　中世纪的欧洲地图

护照的证件不断发展，逐渐形成了护照。到 18 世纪，使用护照的国家越来越多，形式也更多样化，如法国的出国技工护照、符合兵役公民的特别护照等。从 19 世纪末开始，波斯、俄罗斯、罗马尼亚和塞尔维亚等国，规定外国人必须持有护照，这一时期护照制度也发展到中国。20 世纪上半叶，两次世界大战期间，世界各国开始加强过境管理，建立并完善了专门的护照制度，中国的护照制度也在这一时期得到完善。[①]"二战"结束后，世界各国一方面不断健全本国的护照法规和制度，另一方面在国际上寻求建立通用、统一、便捷的国际护照制度，以便于国际往来。在国际社会的共同努力下，逐步形成了现行的国际护照制度，为世界经济发展和文化交流起到了巨大的推动作用。

　　根据现行各国的护照制度，护照的概念应该包含以下几个方面的内容：第一，国家主权的象征。护照制度的实施是一个国家通过国籍管辖权对本国公民

---

① 《新中国领事实践》编写组：《新中国领事实践》，世界知识出版社 1991 年版，第 138—139 页。

的有效管辖，一个国家对另一个国家护照的承认，意味着对其国家主权的承认；反之，则是对其国家主权的否认，例如，我国不承认台湾地区颁发的"中华民国护照"，就充分说明了这一点。第二，国籍的有效证明。一国政府通常只给本国公民颁发护照，因而护照成为公民国籍的有效证明文件，两者相互依存，对保障公民在海外的个人权益至关重要，公民有权利要求国籍国对其进行必要的外交保护。第三，自由出入本国权利的证明。持有护照原则上就是拥有自由出入本国国境的权利，保障公民参与国际交流的权利。第四，公民的身份证明文件。主权国家一般发给与公民身份相符合的护照，内含公民的有效身份信息，是公民身份的有效证明文件。

图1-2　清康涛《持节仕女图》（局部，浙江省博物馆）

世界各国虽然普遍实行护照制度，但各国颁发的护照种类却不相同，一般根据颁发的对象分为外交护照、公务（官员）护照和普通护照三种。少数国家只颁发外交护照和普通护照两种，个别国家甚至只颁发一种护照，而有的国家则颁发四五种护照。我国政府颁发三种护照：①外交护照（见图1-3），由外交官员、领事官员及其随行配偶、未成年子女和外交信使持用；②公务护照（见图1-4），由在中华人民共和国驻外使馆、领馆或者联合国、联合国专门机构以及其他政府间国际组织中工作的中国政府派出的职员及其随行配偶、未成年子女持用；③普通护照（见图1-5），它是公民因前往外国定居、探亲、学习、就业、旅行、从事商务活动等非公务原因出国的，由本人向户籍所在地的县级以上地方人民政府公安机关出入境管理机构申请。

外交护照（电子护照）

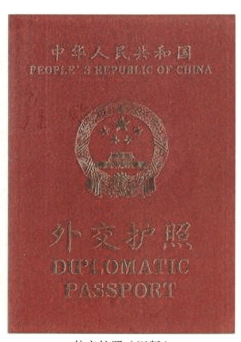
外交护照（旧版）

图1-3　中华人民共和国外交护照

第一章　中华护照源流

图1-4　中华人民共和国公务护照

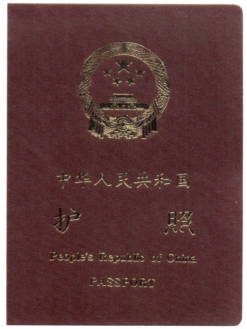

图1-5　中华人民共和国普通护照

护照不是永久性证明文件，有一定的有效期限，在有效期内为有效护照，具有相应的法律效力，否则为无效护照。各国护照的有效期限各不相同，最短的为一年，最长的达十年，中国在中华人民共和国成立之初印制的外交护照、官员护照、公务护照有效期为两年，普通护照有效期为一年或两年。我国现行护照的有效期为五年。

除颁发护照外，世界上所有国家都颁发有替代护照的国际旅行证件，其效用和护照差不多。我国颁发的护照替代证件，主要有"中华人民共和国旅行证""归国证明书"（已停止颁发）、"中华人民共和国海员证""港澳通行证""台胞证"等。

第二节　中国护照历史

一、中国古代护照的历史形态

在中国，跨国通行证件历史悠久，种类繁多，不仅有节、符、过所、公验

图 1-6　战国时期错金鄂君启铜节（国家博物馆）

和通关文牒等各类名称，也有铜、木、纸等多种材质、多种形态。

在中国，通行证件早在夏商周时期就已经出现，这一时期出现的圭璋、牙璋，就兼有度关通行凭证的作用。春秋战国时期，诸侯林立，促使真正带有跨国通行意义的过关通行证件被广泛使用——节（见图1-6、1-7）、传、符。《周礼注疏》卷十五载"凡通达于天下者，必有节，以传辅之；无节者，有几则不达"，可见"节"是能够在天下各地通行的必需凭证，没有它几乎到不了别的国家。"凡邦国之使节，山国用虎节，土国用人节，泽国用龙节，皆金也"，因此，"节"是此时各国之间使臣往来所持的过关凭证和身份证件。

图 1-7　错金铭文虎节（西汉南越王博物馆）

秦汉统一后，通行证制度逐步建立，对社会治理、生产发展都起到了积极的促进作用，这一时期主要的通行证件仍为节、传、符（见图1-8）。

图1-8 张骞出使西域壁画（敦煌莫高窟323窟）

唐代时期，始于汉代的过所、公验成为通用的边关通行证件。《旧唐书》卷四十四载，唐代边关"凡行人车马出入往来，必据过所以勘之"。唐朝社会繁荣，与世界联系紧密，通行证件制度趋于健全。首都博物馆现收藏有唐代西州商人石染典持"安西"所发过所（见图1-9），过所上记载其从瓜州去沙洲贸易，过所上有途中悬泉、常乐、苦水和盐池等地戍守官员的勘验记录。

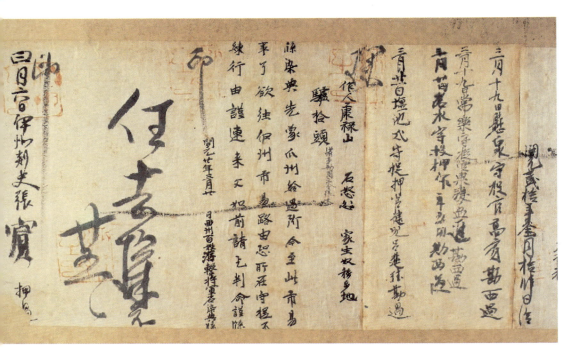

图1-9 唐代石染典过所（首都博物馆）

宋代社会经济的发展使其对通行证的使用比唐代更有长足发展，种类除了前朝的过所、公验外，又有关引及各类符牌等。《宋刑统》是宋初编纂的第一部刑事法典，其卷八有载"水陆等关，两处各有门禁，行人来往，皆有公文。谓驿使验符券，传送据递牒，军防丁夫有总历，自余各请过所而度"。元朝在延续前朝验、凭等通行证件的基础上，根据征战需要，完善了符牌和驿站制度，符牌也成为元代重要的通行凭证。《马可·波罗行纪》记载，马可·波罗（见图1-10）叔、父等三人先后佩戴成吉思汗赐予的金牌出使罗马教廷、伊儿汗国。到了明代，通行证件种类很多，审验手续严格，《明史·职官一》记载，驿站、递运所"皆以符验关券行之……""及使人出关，必验勘合"（见图1-11）。明吴承恩《西游记》中关于通关文牒（见图1-12）的记载，也在一定

图1-10 马可·波罗像

程度上反映了明代的通行证制度。

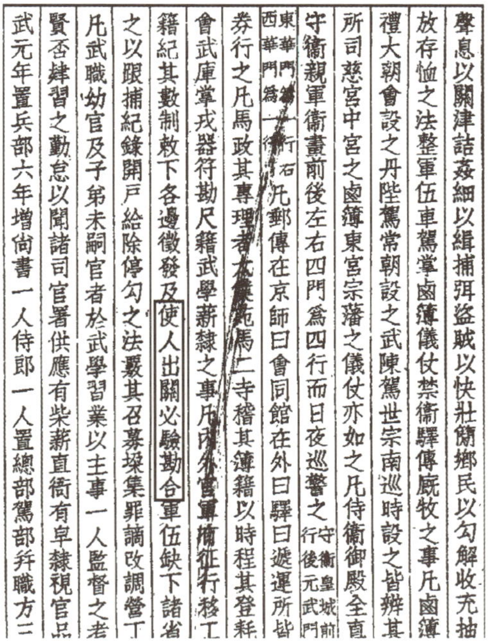
聲息以關津詰姦細以緝捕弭盜賊以快壯簡鄉民以勾解收充抽
放存恤之法整軍伍車駕掌鹵簿儀仗禁衛驛傳廄牧之事凡鹵簿
禮大朝會設之丹陛駕常朝設之武陳駕世宗南巡時設之皆辨其
所司慈宮中宮之鹵簿東宮宗藩之儀仗亦如之凡侍衛御殿全直
守衛親軍衛畫前後左右四門爲四行而日夜巡警之守衛皇城前行後元武門
東華門爲一行西華門爲一行凡郵傳在京師曰會同館在外曰驛曰遞運所皆
券行之凡馬政其專理者太僕苑馬二寺稽其簿籍以時程其登耗
會武庫掌戎器符勘尺籍武學薪隸之事凡內外官軍有征行移工
籍紀其數制敕下各邊徵發及使人出關必驗勘合軍伍缺下諸省
之以跟捕紀錄開戶給除停勾之法覈其召募垛集罪謫改調營丁
凡武職幼官及子弟未嗣官者於武學習業以主事一人監督之考
賢否肄習之勤怠以聞諸司官署供應有柴薪直衙有皁隸視官品
武元年置兵部六年增尚書一人侍郎一人置總部駕部弁職方二

图 1－11　《明史》中关于关卡验符关券的记载

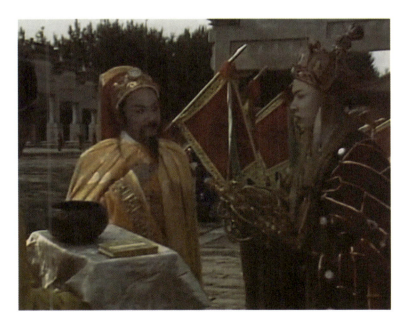

图 1－12　电视剧《西游记》剧照，唐王赐给唐僧紫金钵盂和通关文牒，以保障其取经之路通行顺畅

清代的通行证照种类繁多（见图1-13、1-14），护照只是其中的一种，这一时期的护照一般只是一张文牒，不仅用来出国旅行，而且在国内旅行也必须持有，例如因运输货物而向主管机关申领的保护护照，再如旅行护照、考察护照、运输灵柩护照等，直到民国时期也是如此。但是，近代以来，随着与世界的接触越来越密切，专指出国凭证作用的护照越来越专一，并逐步形成了自身的一套制度体系。

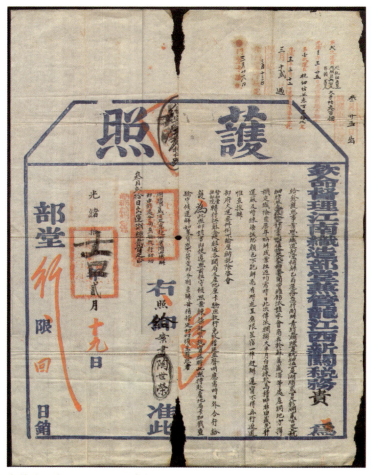

图1-13　光绪十二年（1886）钦命督理江南织造部堂兼管龙江西新关税务发给陶世荣的护照①

---

① 江门市博物馆馆藏文物。本书后文使用的文物实物图片，除标注说明外，均为江门市博物馆馆藏文物图片。

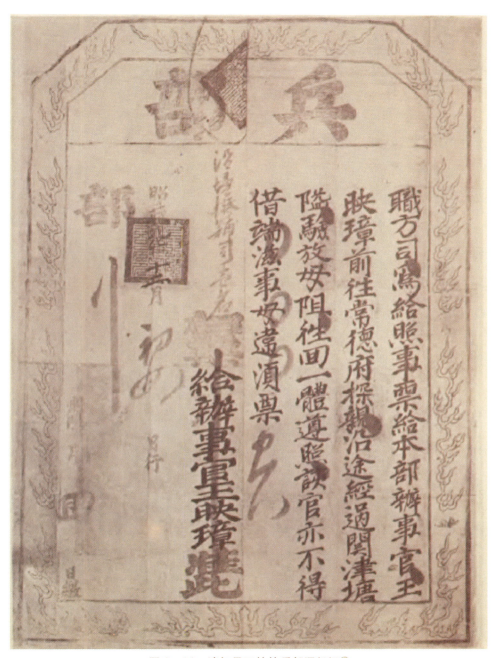

图 1-14 清初吴三桂的兵部通行证①

---

① 图片来源于网络。

中国历代所颁发的通行凭证因时代不同，格式、材质也不一样，早期主要是金属、玉、竹、木等材料，后来由于丝织业的发展，锦、帛等得到更多的使用。唐代开始，造纸业发展，纸质文书成为通行证照的最重要形式。

中国历代负责通行证的发放和检查的机关主要是官府或者关卡，为防止有人冒领，还建立了担保制度，并需缴纳一定的费用，并对不法分子伪造、偷渡等行为进行严厉惩罚，这种做法也被现代护照制度所延续。古代通行证的检查审验，主要是将通行证件分为左右两部分，发证机关和持用人各持一部分，查验时左右相对，相互符合为证。

二、中国古代关于护照的故事

作为通关凭证的护照在中国历史悠久，也留下了许多经典的历史故事。

"传""符"是春秋战国时期重要的过关证件，关于"传"，历史上还有几则非常有名的故事：

春秋战国时期齐国的孟尝君、魏国的信陵君、赵国的平原君和楚国的春申君被称为"战国四君子"。其中孟尝君的名气最大，其门下食客三千。他爱贤好客的名声传遍列国，秦昭襄王便请孟尝君到秦国做丞相。孟尝君到秦国后，向秦王献上了稀世珍宝——狐白裘作为见面礼。孟尝君成为丞相之后受到秦国大臣的猜忌，他们纷纷在秦王面前诬陷孟尝君，希望秦王杀掉孟尝君。秦王听信谗言，软禁了孟尝君。孟尝君于是向秦王的宠妃燕姬求情，但是燕姬想要狐白裘，而狐白裘只有一件并已献给了秦王。孟尝君和众门客面面相觑、一筹莫展之时，一位擅长偷盗的门客深夜扮成狗的模样，乘着夜色从狗洞里爬进王宫找到了内室大门学狗叫，蒙骗了看守，盗出狐白裘并献给了燕姬。燕姬十分高兴，于是劝说秦王释放孟尝君。孟尝君得到过关文书后，立即带领门客起程东逃，赶到函谷关时已是夜半时分。按当时的规定，日落即闭关，鸡鸣则开关。孟尝君心急如焚，这时一位擅长口技的门客心生一计，跑到函谷关附近的山头上学起鸡叫，其叫声清越嘹亮划破长空，引得关内、关外的雄鸡都叫了起来。守关的士兵听到鸡叫以为天快亮了，稀里糊涂开了关门验了文书放孟尝君一行出关。秦王得知实情后立即传令围堵孟尝君一行，但为时已晚。孟尝君带领他的三千多门客已出函谷关，逃出秦国了（见图1－15）。

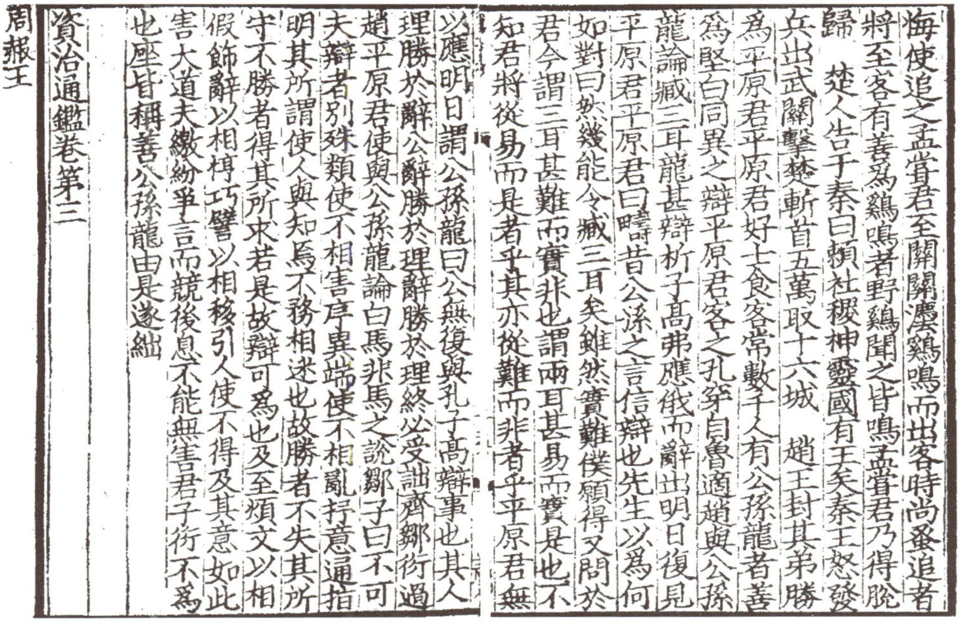

悔使追之孟嘗君至關關灋雞鳴而出客時尚蚤追者
將至客有善爲雞鳴者野雞聞之皆鳴孟嘗君乃得脫
歸　楚人告于秦曰賴社稷神靈國有王矣秦王怒發
兵出武關擊楚斬首五萬取十六城　趙王封其弟勝
爲平原君平原君好士食客常數千人有公孫龍者善
爲堅白同異之辯平原君客之孔穿自魯適趙與公孫
龍論臧三耳龍甚辯析子高弗應俄而辭出明日復見
平原君平原君曰疇昔公孫之言信辯也先生以爲何
如對曰然幾能令臧三耳矣雖然實難僕願得又問於
君今謂三耳甚難而實非也謂兩耳甚易而實是也不
知君將從易而是者乎其亦從難而非者乎平原君無
以應明日謂公孫龍曰公無復與孔子高辯事也其人
理勝於辭公辭勝於理辭勝於理終必受詘齊鄒衍過
趙平原君使與公孫龍論白馬非馬之說鄒子曰不可
夫辯者別殊類使不相害序異端使不相亂抒意通指
明其所謂使人與知焉不務相迷也故勝者不失其所
守不勝者得其所求若是故辯可爲也及至煩文以相
假飾辭以相惇巧譬以相移引人使不得及其意如此
害大道夫繳紛爭言而競後息不能無害君子衍不爲
也座皆稱善公孫龍由是遂絀

資治通鑑卷第三

周赧王

图 1－15　《资治通鉴》中关于食客学鸡鸣使孟尝君得以出关的记载

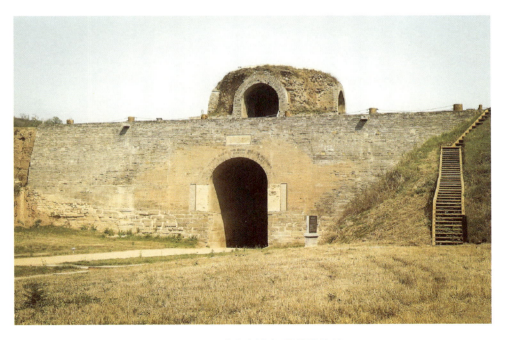

图 1－16　洛阳新安汉函谷关遗址

图1-17 山东省滕州市的孟尝君田文墓

据《史记·孟尝君列传》对这则故事的记载,孟尝君被释放后,"即驰去,更封传,变名姓以出关。夜半至函谷关……关法鸡鸣而出客,孟尝君恐追至,客之居下坐者有能为鸡鸣,而鸡齐鸣,遂发传出。"函谷关是秦东出国境的最重要的关卡,孟尝君更改"传"、并出示"传"而出关,可见当时"传"就是过关通行文件(见图1-16、1-17)。

秦汉时期,关于节、符、传最著名的记载则是苏武牧羊的故事(见图1-18):

公元前100年,汉武帝派中郎将苏武拿着旌节,带着副手张胜和随员常惠出使匈奴。苏武到了匈奴,其手下被牵连进匈奴的内部叛乱,苏武知道自己有辱使命,自尽未遂,被流放北海边牧羊。苏武到了北海,唯一和他做伴的是那根代表朝廷的旌节。他靠掘野鼠洞里的草根充饥,日子一久,旌节上的穗子全掉了。公元前85年，匈奴新单于继位，与汉请和。当时，汉武帝已去世，汉昭帝即位。汉昭帝要求单于放回苏武，匈奴谎称苏武已经死了。后来汉朝有使者来到匈奴，苏武的手下悄悄与其取得了联系，告诉他们苏武还活着，苏武才得以返回大汉。苏武出使的时候，才四十岁，此时已在匈奴受了十九年的折磨，胡须、头发全白了。回到长安的那天，长安的人民都出来迎接他。他们瞧见须发皆白的苏武手里拿着光杆子的旄节，均十分感动。"杖汉节牧羊，卧起操持，节旄尽落"，给后人留下了坚贞不渝的精神，"气节"也成为在敌人或压力面前不屈服的品质。

图1-18 《苏武牧羊》年画

中华百年护照故事

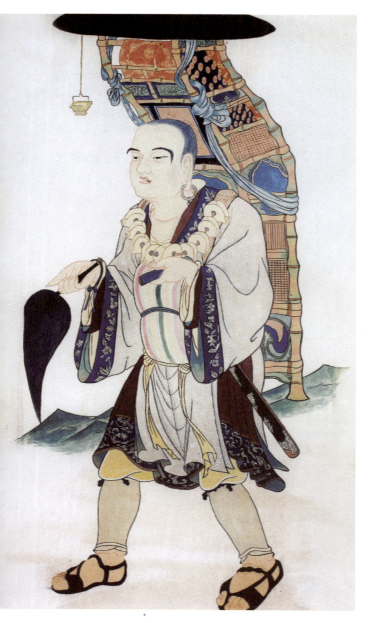

图1-19 唐玄奘取经画像

唐代高僧玄奘西行取经（见图1-19）的故事家喻户晓，在《西游记》中，唐僧西行是帝王委派，特地发给了通关文牒，一路上在各个国家呈验文牒以得到当地的保护。然而真实的情况却是完全相反的。玄奘为西行取经，曾三次上书唐太宗请求官方允许他西行，但都被拒绝。没有官方的支持，也就没有通关的凭证，玄奘取经伟业成了一场与官方阻力斗争的"偷渡"。他先是混在逃难的人群中离开京城，在凉州时他西行的意图泄露，被人告发，当地官员命令他返回长安，幸好在当地僧侣的帮助下才得以逃离凉州，从此隐姓埋名、昼伏夜出。后来，玄奘到达军事重镇瓜州，此时他已是被朝廷稽查的违法出行逃犯，幸亏当地官员李昌是一位虔诚的佛教徒，放玄奘出关，使他终于得以逃离过境。西行路上，玄奘受尽艰苦磨难，由于没有官方身份，行程更加困难。后来，凭着坚强的毅力，玄奘到达天竺，并在精修佛法后，携带大量经书开始返唐，并在途中给唐王写信，希望皇帝原谅自己当年偷渡的罪过，而唐王在回信中原谅了他私自出行的罪行，准他回国。玄奘终于回到唐朝，在国内弘扬佛法。

三、中国近代护照的产生

"护照"一词,最早出现在康熙二十八年(1689)中俄第一个边界条约《尼布楚条约》(见图1-20)中:"自和约已定之日起,凡两国人民持有护照者,俱得过界往来,并许其贸易互市。"满文本和俄文本译为"路票",《中俄约章会要》所载"黑龙江界约"则译为"文票"。[①] 这里的"护照"主要是一种通行证明,与中国古代的"节""符""腰牌"等基本相同。

图1-20 中俄《尼布楚条约》签订时的场景

乾隆时期,清政府规定,夷人从澳门去广州必须向澳门通知申领牌照,所有外国人都要遵守这些规定。1834年,英国皇家海军职员、政治家和外交官威廉·约翰·律劳卑(见图1-21)出任首位英国驻华商务总监。律劳卑到达

---

① 王铁崖编:《中外旧约章汇编》,生活·读书·新知三联书店1957年版,第2—4页。

广州赴任，公然违反大清律令，没在澳门申领牌照，擅自闯关。清政府以停止贸易为武器，迫使律劳卑认错，退至澳门，中英贸易得以恢复，史称"律劳卑事件"。

随着1858年中英《天津条约》以及与帝国主义国家一系列不平等条约的签订，帝国主义国家取得在华领事裁判权，其中规定外国驻华领事可以给其国民颁发在华护照，该国人民持有其领事官发给的"执照"，由地方官盖印后可往中国内地各处游历、经商（见图1-22、1-23）。这种由外国领事官颁发、中国地方官盖印的内地游历的"执照"，既有别于过去清政府

图1-21 律劳卑

图1-22 鸦片战争海战情景

发放的通行证件,又与外国人出入境所需的护照有所区别,相当于向现代意义护照发展过渡的通行执照。① 于是现代"护照"这个西方民族国家理论下的产物,也得以引入中国,对中国近代护照制度的产生起到了重要作用。

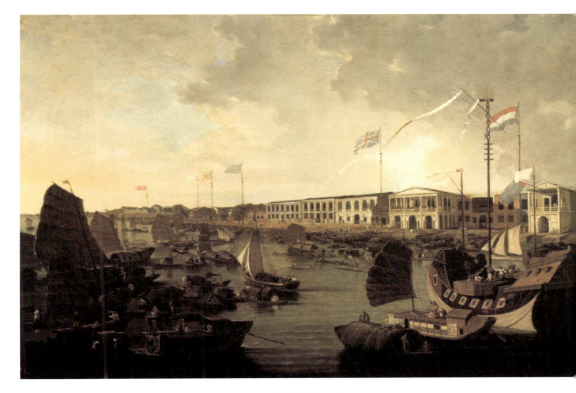

图1-23 19世纪的广州十三行

1877年,清政府同西班牙签订《会订古巴华工条款》,第五条规定:"如有华人自愿出洋者,应先赴关道处报名挂号,请领盖印执照(此项执照各关道预先备办),送交日国②领事官书押盖印",船到古巴后"由该处管官将关道原给盖印执照,送交中国领事官查验"。第九条规定:"令现今在古巴之华民认定以及嗣后再来之华民,均报名挂号,立花名册……每人由领事官发给执照一纸……"(见图1-24)这种执照的正面需要填写姓名、年龄、籍贯和执照

---

① 高慧开:《中国护照近代化探微》,《武警学院学报》2001年第2期。
② 日斯巴尼亚,即西班牙。

号码等项目，背面为西班牙文需要填写的同样项目。可见，随着清政府与世界越来越频繁的接触，已逐步接受世界范围通行的护照制度，在双边条约中出现了接近现代意义护照的概念的证件。中国近代意义的护照制度开始形成。

图1-24 华工出洋情景

随着清政府近代外交的发展,国内专职外交部门总理各国事务衙门(见图1-25)和驻外使领馆分批建立,清政府的外交活动逐步与世界接轨,而给往来国外的中国公民颁发护照也是其中的重要内容之一。虽然各部门仍然各行其是,护照样式也是五花八门,但对于近代中国的外交发展和护照制度建设仍然起到了重要的推动作用。

图1-25 大清国的外交部——总理各国事务衙门

中华百年护照故事

第二章　清代的中国护照

　　清代，特别是清代晚期，是中国近代护照以及相应的制度发展建立的时期。这一时期，为适应与世界密切联系的新形势，近代意义的护照得以产生，相应的管理制度也开始建立，为中国现代护照制度的发展完善奠定了基础。

第一节　清代护照制度

　　19世纪中叶以前，清政府实行"闭关锁国"政策，一方面国人外出被视为通敌叛国而被严格禁止，另一方面对于外国人进入国内，则限制在"十三行"地区的正常商贸往来和官员的国事外交活动，不允许进入国内进行游历、考察等活动。由于上述交往限制很大，当时来华的外人很少，清政府对少量的外人实施了严格的管理。可以说，此时清政府作为一个主权国家，对我国国境的出入管理拥有绝对的自主权。

　　1689年，清政府与俄国政府签订《尼布楚条约》，这是中国同西方国家签订的第一个条约，"护照"一词首次出现在中国的文献里。这种"护照"作为一种出入境的身份凭证，其相关规定是清政府关于出入境管理的重要律条，对今后相应管理制度的发展具有积极的作用。

　　鸦片战争之后，西方列强通过签订一系列不平等条约，迫使清政府开放通商口岸，外国人可以在通商口岸自由出入、居住，从外国进入通商口岸或者在通商口岸之间往来不需要在清政府办理任何手续，后又协定出入这些通商口岸的外国人可以申领护照前往内地经商、传教或游历，中国内地逐步向外国人开放。

　　1858年，中英《天津条约》规定，英国人持有英国领事馆颁发的护照就可以进入中国内地（见图2－1）。由于清政府无权管理外国人出入通商口岸，因此这种外国人进入内地的护照体现了当时清政府的出入境管理制度，但这种护照是由外国的使领馆发放的，清政府只能签印审核。这种被种种不平等条约限制的护照发放规定，无疑是对清政府主权的一种侵犯。英国的这一做法，被其他列强纷纷效仿。

第二章　清代的中国护照

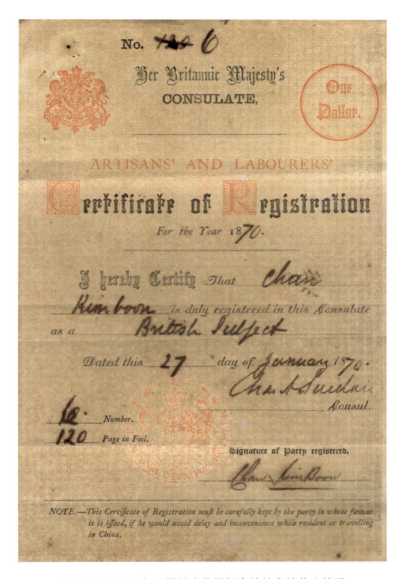

图 2-1　1870 年驻福州府英国领事馆签发的英文护照

鸦片战争后，中国人开始大规模向国外迁徙。随着与世界接触的逐渐密切、国际意识的提升、国内危机的加剧，以及海外华人对国内政治、经济等方面影响的逐步扩大，清政府也逐渐改变华人出国是背叛国家的观点，开始重视对海外华人的保护（见图 2-2）。1873 年，清政府派出了古巴华工调查团，详细调查了华工在古巴遭受非人虐待的情况，并以此为依据与西班牙当局进行谈判,最终双方于1877年签订了保护华工的条约——《会订古巴华工条款》。该条约规定华工要持有执照,其相关规定与当时世界其他国家的护照规定基本相同,也具备了现代护照的基本要素。由此可见,随着与西方的接触逐渐频繁,清政府开始尝试接受世界通行的护照制度,双边条约出现了现代意义护照概念的证件,这种变化也为清朝驻美使领馆开创给华侨颁发护照的先例建立了基础。

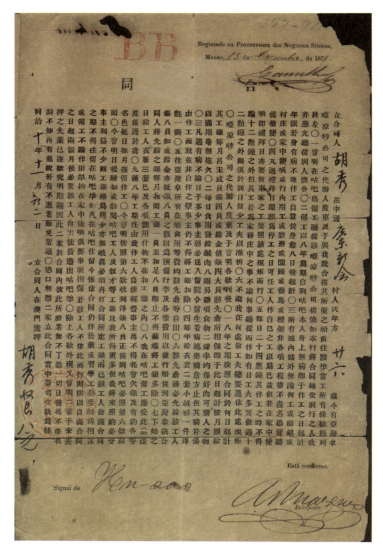

图2-2 前往古巴的华工签订的合同（又称"猪仔纸"）

1861年，为维护清政府的外交权益，清政府建立办理洋务和外交事务的总理各国事务衙门，全权处理与外国发生的外交事务等。同时，为保护海外权益，保障华侨利益，在总理衙门的推动下，1877年清政府在新加坡建立了第一个驻外领事馆，并逐步开始建立驻外使领馆制度。这是清政府侨务政策逐步完善的重要体现，为保护广大海外侨胞的权益提供了重要保障，同时也为清政府护照制度的发展建立了组织基础。

清政府正式给华侨颁发护照则缘起于美国的排华政策。1848年，美国加州发现金矿，吸引大批华人前往淘金、谋生（见图2-3、2-4），但因为竞争

图2-3　清末华工在出洋途中的情景

图 2-4　在美国淘金的华工

关系，在以美国矿工为主的白人工人中产生了排斥华人的情绪。不过此时正值美国内战后的重建时期，加之太平洋铁路的修建，均需要大量的劳动力，相对廉价而又勤劳的中国劳工成为首选。1868 年，中美签订《中美天津条约续增条约》（也称《蒲安臣条约》）（见图 2-5），条约允许两国人民可随时自由往来、游历、贸易或久居。这一规定为美国在中国扩大招募华工提供了合法依据，进而使华人移民美国达到新的高潮。而同时，美国民间的排华呼声却越来越高，特别是 19 世纪 70 年代，美国经济陷入困境，大批工人失业，为转移国内矛盾，美国政客便把问题归咎于华人移民的涌入，从而不断煽动白人的排华情绪，引起各种排华暴行。

第二章　清代的中国护照

图 2-5　蒲安臣（美国著名律师、政治家和外交家，也是绝无仅有的既担任过美国驻华公使又担任中国使节的美国人）

　　为保护在美国的华侨华人，清政府于 1875 年任命陈兰彬（见图 2-6）为第一任驻美公使，但由于各种原因，1878 年陈兰彬才抵达美国并递交国书，清朝驻美公使馆正式成立。陈兰彬赴华盛顿途中抵达旧金山口岸时，受到当地华人的热烈欢迎，陈氏深为感动，并对华人保持传统习俗的做法印象深刻，同时得悉华人深受排华之苦，迫切需要领事的充分保护。于是，1878 年清政府建立了旧金山总领事馆。1882 年，清末著名外交家黄遵宪就任驻美国旧金山总领事，鉴于华人受到的各种不公正待遇和刁难，黄遵宪从 4 月份任总领事开始，就根据 1868 年《蒲安臣条约》关于最惠国待遇的条款，仿效各国驻美领事馆给其国民发放护照的方法给返回中国的美国华侨发放护照。1882 年 5 月 6 日，美国第 47 届国会通过《排华法案》，标志着美国政府开始执行排斥华人的政策。该法案不是绝对禁止华人入境,但规定有权进入美国的华人必须持有清政府颁发的带英文翻译护照。为适应上述要求,清政府设立了专门颁发护照的机关并制定了第一套正式的护照制度。

图2-6　清代外交家陈兰彬

1883年,时任驻美大使郑藻如(见图2-7)电报总理衙门,汇报美国排华法案实施并要求华人赴美须持有中国政府颁发的华洋文护照的情况,并寄回护照式样。清政府据此颁布了《中国买卖学习游历人等赴美国由中国给发华洋文护照章程》,章程规定:因黄埔地处省城与香港适中之地,为出洋必经之路,因此在此设局;该局的名称为"广东给照赴美局";符合美国律条且自愿赴美者,"准其具禀呈请本局委员给发护照,禀内载明年岁、籍贯、身材、高矮及形貌有无异相、在华作某事业,往美作某事业,逐一注明以便填发护照,仍须本人赴局

图2-7　清代重臣、外交家郑藻如

请领由委员查验给照,以杜冒名顶替,庶免到美后覆验不符,别生枝节",并特别注明"至出示应声明,不收照费";请给护照之人"须觅殷实铺户,出具保结声明,委无被骗及为匪不法冒名顶替各情弊,切实声叙,始行填给护照",并规定了具保人的责任;另外还就护照的格式、用印等情形进行了规定,并附护照式样(见图2-8)。

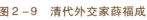

图2-8　1883年赴美护照式样

随后,这种护照制度的使用范围逐渐扩大到各处海外华侨。1893年,清政府出于保护商民以及招徕华侨回国的目的,在黄遵宪、薛福成(见图2-9)的倡导和敦促下,正式下令废除海禁和华侨出入国境的限制,规定"凡良善商民无论在洋久暂,婚娶生息,一概准由出使大臣或领事馆给与护照,任其回国治生置业,与内地人民一律看待……毋得仍前藉端讹索,违者按律惩治"①。这就以政府法令的形式,正

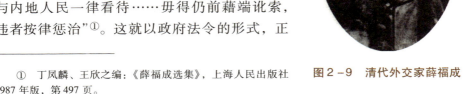

图2-9　清代外交家薛福成

---

① 丁凤麟、王欣之编:《薛福成选集》,上海人民出版社1987年版,第497页。

式授予各地领事官员给海外华侨颁发护照的权力，这些护照成为广大华侨的归国凭证。至此，清政府对出国人员及海外侨民普遍实行了护照制度。

清政府的护照制度此时得到初步建立，但对护照的颁发、申领和格式等未有统一规定。护照最初由各省地方政府及驻外领事馆自行印制颁发，因此护照式样多种多样。护照的颁发部门也未统一规定，如前文所述《中国买卖学习游历人等赴美国由中国给发华洋文护照章程》中所设立的赴美护照的专门颁发机构——“广东给照赴美局”只发给赴美护照。正因为如此，国人在出入境时经常被国外入境检查人员刁难甚至拒绝入境。

为规范护照制度，清政府于 1906 年制定《华商赴美给发护照章程》。该章程进一步详细规定了赴美护照的相关事项，特别是编号、三联式等内容的规定，使得清政府的护照制度进一步规范。同年，清政府还颁布了另一份护照章程《发给华商回籍护照章程》（见图 2 – 10）。该章程共十二条，由新加坡中华总商会动议，为保护回华投资的华商的利益，对华商回国颁发护照进行了规定。1906 年，清政府颁发的两份护照章程，说明清政府在面对变化的国际形势时，积极主动地采取了改进出入境管理的举措，完善相应制度。这些举措有利于我国的出入境管理与国际社会的移民管理制度趋向一致，使得清政府建立了初步完整的护照制度。

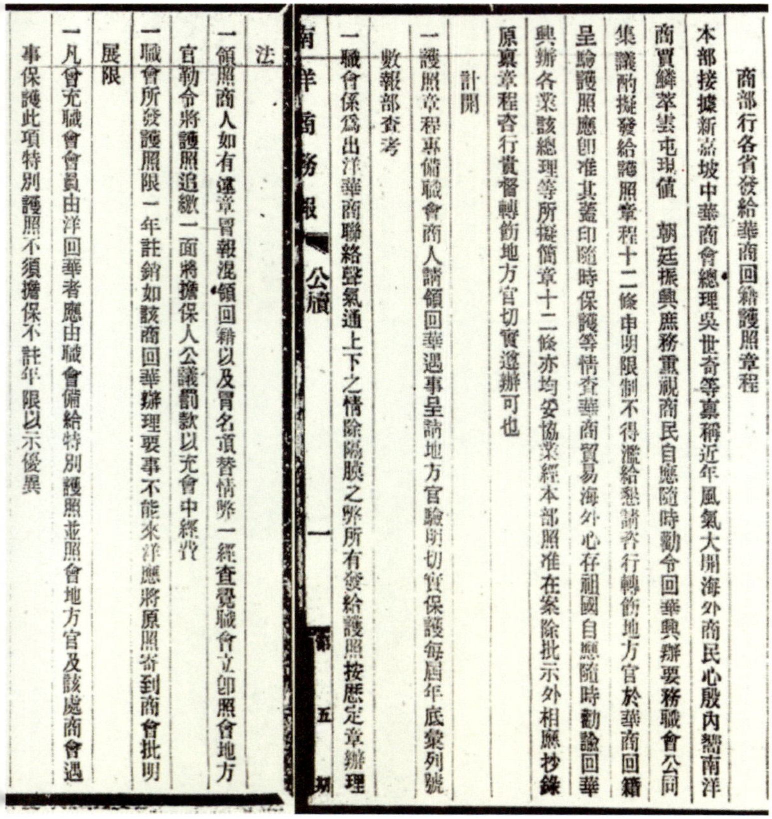
商部行各省發給華商回籍護照章程
本部接據新嘉坡中華商會總理吳世奇等稟稱近年風氣大開海外商民心殷內嚮南洋
商賈鱗萃雲屯現值　朝廷振興庶務重視商民自應隨時勸令回華興辦要務職會公同
集議酌擬發給護照章程十二條申明限制不得濫給懇請咨行轉飭地方官於華商回籍
呈驗護照應即准其蓋印隨時保護等情查華商貿易海外心存祖國自應隨時勸諭回華
興辦各業該總理等所擬簡章十二條亦均妥協業經本部照准在案除批示外相應抄錄
原稟章程咨行貴督轉飭地方官切實遵辦可也
計開
一護照章程專備職會商人請領回華遇事呈請地方官驗明切實保護每屆年底彙列號
數報部查考
一職會係爲出洋華商聯絡聲氣通上下之情除隔膜之弊所有發給護照按歷定章辦理

南洋商務報　公牘　一　五

法
一領照商人如有違章冒報混領回籍以及冒名頂替情弊一經查覺職會立即照會地方
官勒令將護照追繳一面將擔保人公議罰款以充會中經費
一職會所發護照限一年註銷如該商回華辦理要事不能來洋應將原照寄到商會批明
展限
一凡曾充職會會員由洋回華者應由職會備給特別護照並照會地方官及該處商會遇
事保護此項特別護照不須擔保不計年限以示優異

图 2 – 10　1906 年《南洋商务报》刊登的《发给华商回籍护照章程》

第二节　清代护照图赏

清代护照是中国近代护照的初始发展阶段，由于制度尚未建立完善，加之清政府中央政权的衰弱，反映在护照上就是清代的护照形制五花八门、内容各不相同，笔者仅以目前所见的清代护照进行介绍。

一、旧金山美国华侨护照

旧金山是美国华侨最为集中的地区（见图2-11、2-12、2-13），华侨数量众多，来往美国与国内的人员也多，清政府驻旧金山总领事馆是其在美国设立的第一个领馆。由于旧金山是美国华人最为聚集的地方，旧金山总领事馆也是处理各类侨务最多的领馆，因此发现的清代护照数量也较多。

图2-11　清代旧金山华侨的生活照（一）

图2-12 清代旧金山华侨的生活照（二）　　图2-13 清代旧金山华侨的生活照（三）

（一）1882年旧金山总领事馆发给黄华饶的护照

该护照是台山籍美国华工黄华饶1882年10月12日申领的回国护照，单页纸质，长27.3厘米、宽21.3厘米，双面印刷，一面为竖排中文，一面为横排英文，所设需填项均为手书。

该护照英文部分抬头为"Chinese Consular Passport"，护照内容及所设项目与中文部分大致相同。所署时间采用农历与西历并用的方式，署名除总领事黄遵宪外，还有领事官傅列秘。

该护照中文面加盖印章，其中护照序号处盖有"大清国署□□□"印，为骑缝印。护照发放时间处加盖"总领事署给发护照之印"，为长方形，中文篆体。护照英文面左下角盖有"大清国总领事"钢印。

1882年美国金山总领事署发给黄华饶的护照，其内容和格式均按照当时国际护照的要求定制，其使用程序也严格遵循国际规则，除没有执照人照片外，已与现代护照基本相同（见图2-14、2-15）。

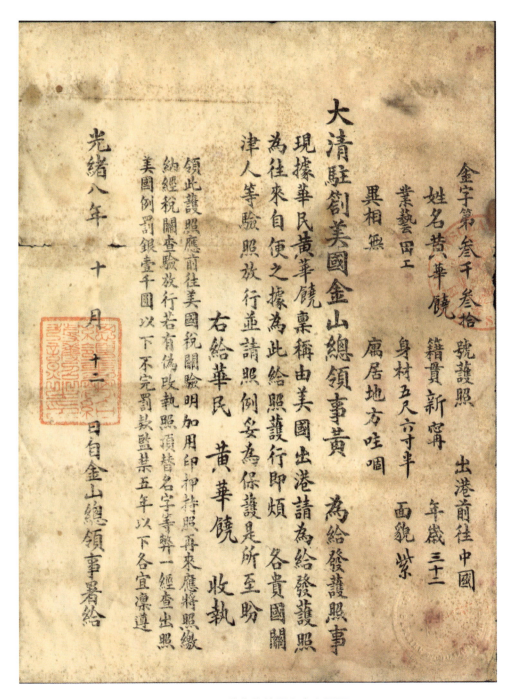

图 2-14 黄华饶护照之中文页面

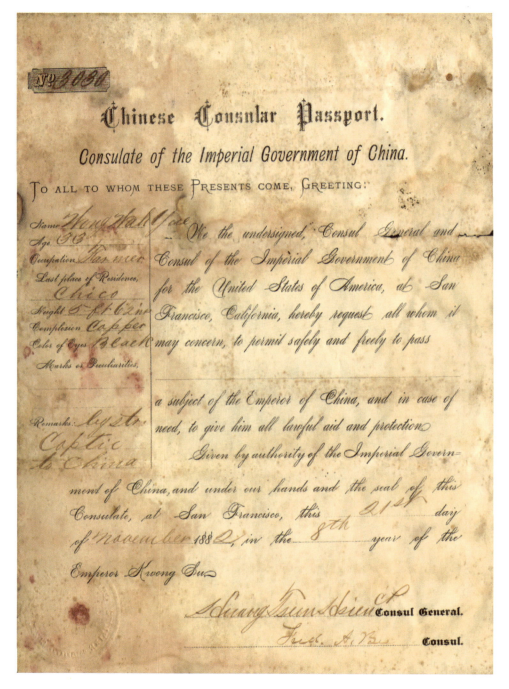

图 2-15　黄华饶护照之英文页面

1882年5月6日，美国国会通过《排华法案》（见图2–16），开始执行排斥华人移民的政策。法案规定：十年内禁止华工入境，华工以外有权进入美国的华人必须持有清政府颁发的有英文翻译证件等。《排华法案》并非绝对禁止华工进入美国，其第四条规定：1880年11月17日（即《中美续修条约》签订之日）以前居留美国并获得海关证明文件的华工，准许重新进入美国。时任清政府驻旧金山总领事黄遵宪通过清政府驻美公使馆与美国国务院交涉后，美国政府同意华人离开美国时，均由中国总领事馆免费给发身份证明和护照。这样既便于华人领取相关证明文件，也方便税员获得华人注册确认所需的相关资料。黄华饶在美国为"田工"

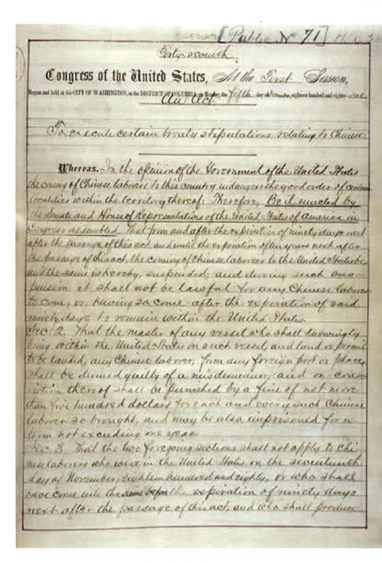

图2–16　美国《排华法案》

（见图2–17），而护照所列华人信息条目，基本按照税员注册华人所需资料设置，因此，这份护照正是美国排华法案通过后，清政府驻美国旧金山总领事馆总领事黄遵宪签发的最早的一批护照之一，其编号为第"三千三十"号，也是目前发现的最早的华侨护照。

图2-17 华工在美国从事农业生产

黄遵宪（1848—1905，见图2-18），字公度，广东嘉应州（今梅州市）人，晚清著名的外交家、诗人，1882—1885年出任驻美国旧金山总领事。他在美国任职期间，努力保护华侨合法权益，不管内外形势多么恶劣、困难多大，他都将保护华侨视为义不容辞的责任。黄遵宪保护美国华侨的努力得到了广大华侨的认可和尊重，美洲著名华人领袖司徒美堂评价黄遵宪为清朝"历来驻美外交官中唯一能做保护华侨工作之人"。

图2-18 清末外交家、诗人黄遵宪

（二）1892年美国华商朱彬的护照

该护照是美国华商（见图2-19、2-20）朱彬1892年6月25日在驻旧金山总领事馆请领的回国护照，并作为其返回美国的凭照。该护照长29.5厘米，宽24厘米，左侧为竖排中文，背面无字，右侧正反面均为横排英文，中间盖有长方形骑缝印，内含九叠篆体"大清总领事之关防"。

第二章　清代的中国护照

图 2-19　华侨在美国开设的中餐馆

图 2-20　清代美国的华人商店

该护照内容包含持照人的姓名、籍贯、年岁、身高、面貌特征、职业、生意价值和前往目的地等基本信息，以及申领护照的事由、使用护照程序、作弊行为的处罚、发照机关和发照日期等项目。护照正面英文部分内容以及所设项目与中文版本大致相同。抬头为"PASSPORT"，护照编号1537，英文部分也分为印制部分和填写部分。其中朱彬及大清驻旧金山总领事黎荣耀的签名为中文。该护照背面英文部分为朱彬1893年凭该护照在美国驻香港领事馆注册登记回美的记录。右侧两行竖排红色中文："执照回美宜到驻华美国领事呈验照例签名"。

该护照英文部分贴有一张护照所有者的梯形照片，照片上及底部盖有领事署的圆形钢印，该护照应是目前发现的最早的带有照片的华侨护照（见图2－21、2－22、2－23）。《排华法案》推行后，由于在美国人看来，黄皮肤黑

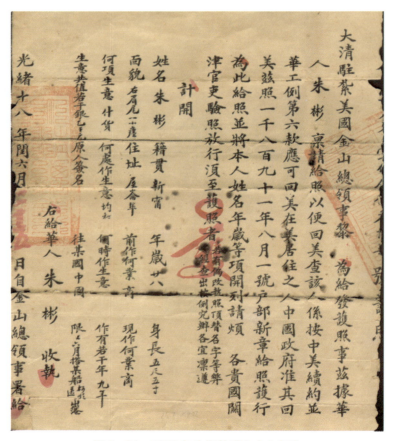

图2－21　1892年朱彬护照之中文部分

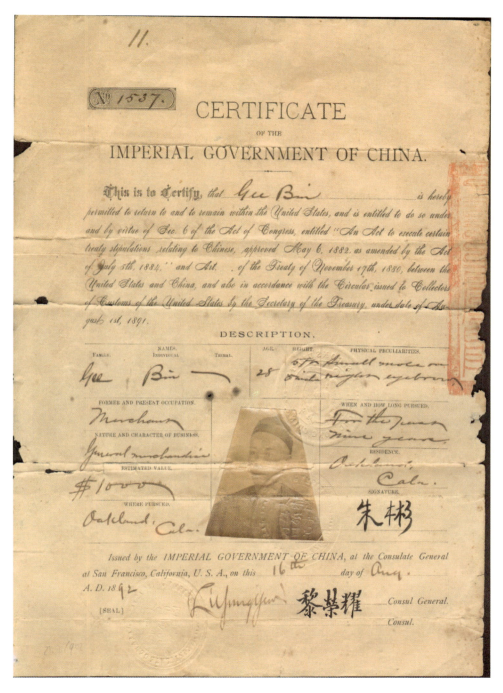

图 2-22　1892 年朱彬护照之英文部分

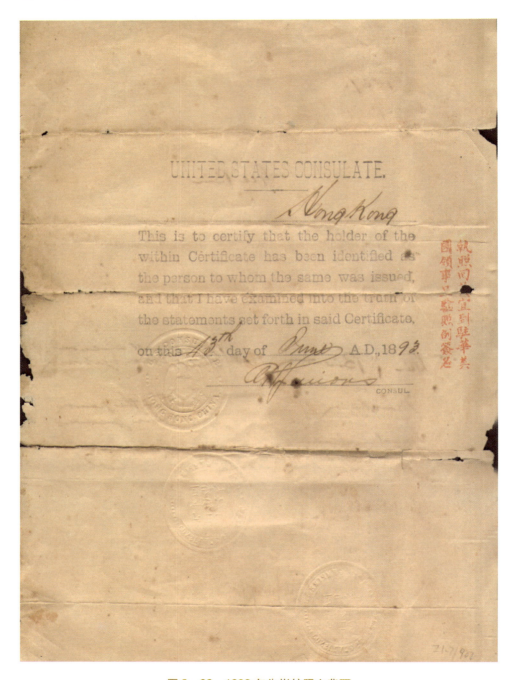

图 2-23　1892 年朱彬护照之背面

眼睛的华人几乎一模一样，难以辨认，很难用语言描述华人的特征，因此，许多华人得以冒名进入美国。1891年，美国颁布了新的移民法，禁止罪犯、病人、白痴、乞丐和契约劳工等进入美国，并成立移民办公室（即今美国移民局的前身），设立联邦入境检查处（见图2-24、2-25）。为有效防止冒用护照的现象，随着19世纪末快速发展的照相技术被应用，美国华侨护照开始粘贴持照人照片。

图2-24　美国排华时期在"天使岛"设置的移民候审所，华侨入境美国均要在此接受审查

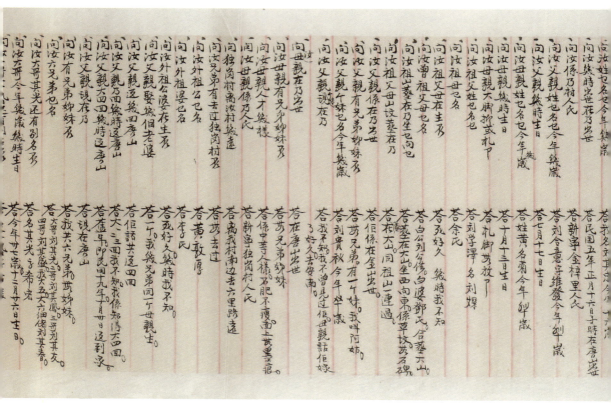

图2-25　口供纸是华侨为应对美国移民审查而诞生的特殊资料

（三）1909年美国华侨胡维秀护照、1910年美国华侨伍文衍护照

这两份护照均为单页纸质，长38厘米，宽35厘米。护照内容相同，分为上下两部分，上半部分是自右至左竖向书写的中文正本，下半部分是自左至右横向书写的英文正本。

护照发放时间处盖有长方形篆体印，内含九叠篆体"大清总领事之关防"。持照人的照片紧挨着纸张右上角的两条边贴着，照片上盖有"大清驻美国金山总领事署图记"圆形钢印（见图2-26、2-27）。

第二章 清代的中国护照

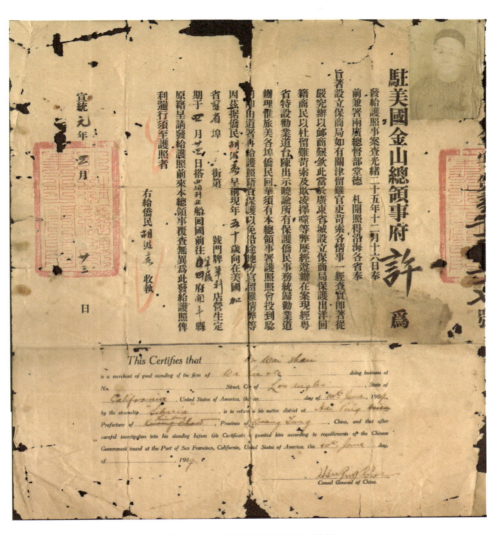

图2-26　1909年胡维秀之护照

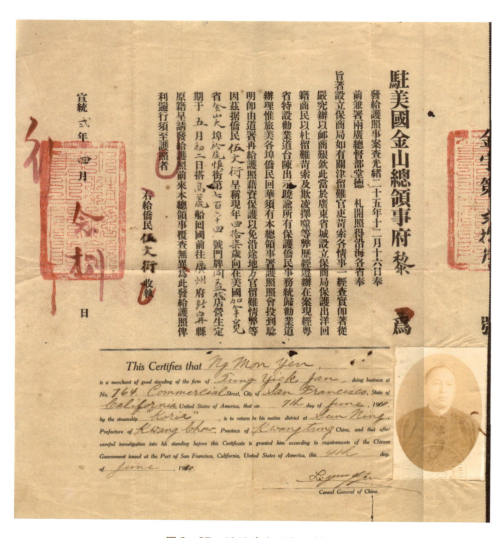

图2-27 1910年伍文衍之护照

清代返乡的华商被官吏、差役、宗亲勒索盘剥的事情层出不穷。为切实保护回乡华商的权益，清政府成立了保商局，但没有从根本上改善华商回乡被勒索刁难的情况。1907年，清政府裁撤广东的农工商局，改设劝业道，道台陈望曾"出示晓谕所有保护侨民事务统归劝业道办理，惟旅美各埠侨民回华须有本总领事署（旧金山总领事署）护照照会投到验明，即由道署再给护照，藉资保护，以免沿途地方官留难情弊等"。

1909年，胡维秀申领护照时，驻旧金山的总领事是许炳榛（见图2-28、2-29）。

图2-28　驻旧金山总领事许炳榛

许炳榛，生卒年不详，广东番禺（今广州市）人。光绪三十四年（1908）为驻旧金山总领事，以倡导实业而闻名。清末他曾到日本考察实业，著有《考察日本商务日记》《考察日本矿务日记》等书。

图2-29　许炳榛和家人合影

49

1910年，伍文衍申领护照时，旧金山的总领事是黎荣耀。

黎荣耀（1858—？），字藻泉，广东新会棠下人。1889年，他随出使美国、西班牙、秘鲁大臣崔国因出使美国，任旧金山总领事署随员、驻美公使馆随员，后任使馆参赞随使秘鲁。1891—1896年、1910—1911年，黎荣耀任驻旧金山总领事，中华民国成立后，被聘为民国驻旧金山总领事，其后生平不详。

二、古巴华侨护照

古巴位于拉丁美洲加勒比海域西北部，面积11.45万平方公里，是西印度群岛中最大的岛国。古巴最早只有印第安原住民，1492年10月，哥伦布发现了古巴，从16世纪起，古巴成为西班牙的殖民地。古巴盛产蔗糖，在16、17世纪，西班牙殖民者主要靠黑奴从事甘蔗园和糖厂（见图2-30）的劳动，古巴也成为整个美洲黑奴贸易的集中地。古巴居民多为白种人、混血人种，其次为黑人。

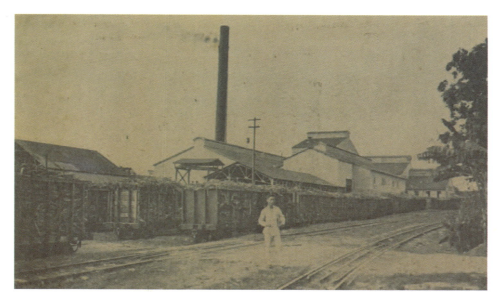

图2-30　古巴制糖厂前满载甘蔗的车辆

古巴是中国华工最早到达的地区之一（见图2-31、2-32）。19世纪中期开始，随着黑奴贸易的臭名昭著，为弥补废奴运动带来的劳动力空缺，勤劳的华工成为殖民者心仪的劳动力替代者。1847年，从厦门装船的200多名"契约华工"① 乘坐西班牙货船抵达哈瓦那,从此开始了华人在古巴的历史。此后,西班牙政府签署法令,准许古巴雇用华工。这些华工抵达古巴后,随后被转卖至各大庄园当苦工,受尽虐待,生活凄苦。据统计,至1874年,古巴有14.1万华人,占当时古巴人口的十分之一。

图2-31　坐落在哈瓦那的旅古华侨协助古巴独立纪念碑

---

① 指旧中国被西方殖民者掠卖出国并订有卖身契约的劳动人民。始于19世纪初叶西方殖民者侵扰中国沿海地区时,把掠卖中国劳动人民的罪恶活动无耻地称为"苦力贸易"。鸦片战争后,在不平等条约的庇护下,公开在厦门、澳门、香港等地设立掠卖人口的洋行。大规模地掠诱或绑架中国劳动人民,把他们装载在被称为"浮动地狱"的船只内,运往美洲、澳大利亚和太平洋各岛,卖给当地的地主资本家,强迫终身从事奴隶劳动。这些被掠卖的中国劳动人民,极大部分在出国前被迫同殖民者或其代理人签订了卖身契,故曰"契约华工"。在咸丰十年(1860)的中英、中法《北京条约》和同治七年(1868)的《中美续增条约》中,规定了清政府不得禁阻华工出境,掠卖活动就更加猖獗。在19世纪50—70年代的十余年间,契约华工已从第二次鸦片战争前的15万人激增到50万人左右。被掠卖的华工为争取自由和人道待遇,与殖民者进行了不屈不挠的斗争,恩格斯在《波斯与中国》一文中谈到此事。被运走的华工往往在途中死亡过半,到达国外则过着牛马般的生活。(见夏伯忠、邹宝丰主编:《劳动经济辞典》,吉林人民出版社1987年版,第616页)

图 2-32　身着华人服装的古巴妇女

这些契约华工主要在各大庄园从事甘蔗、水稻、薯类和蔬菜的种植，有的在种植园内当苦工，还有的在私人家庭中当侍仆等。他们上船前，均与运输公司签订了年限为 8 年的契约，这些契约的条件看似十分优厚，但其实都是虚假的，华工一旦到达古巴，就会被再次转卖，完全犹如奴隶一般。古巴华工遭受的惨绝人寰的境遇，在国际社会受到越来越多的关注，清政府也开始知晓相关情况。为切实了解古巴华工的境况，1873 年 11 月，清政府派遣陈兰彬一行前往古巴实地考察中国劳工情况。

1878 年，清政府在哈瓦那建立了第一个中国总领事馆，第一任总领事是刘亮源，副领事为陈沈英。经与西班牙殖民当局交涉，古巴总领事馆可以给古巴华人，无论其合约"工期已满未满，均一律发给行街纸（见图 2-33），而不以工主之满身纸为凭，并将各处官工所拘禁之华人尽数释放，嗣后不得再行拘禁"。

经过广大古巴华侨华人的奋斗以及清政府的努力，古巴华人的境遇得到了很大的改善，华人不再卖身为奴，而是可以自由从事各种行业，许多华人通过在古巴经商逐渐积累了一定的财富，古巴华人与国内的往来也越来越密切。

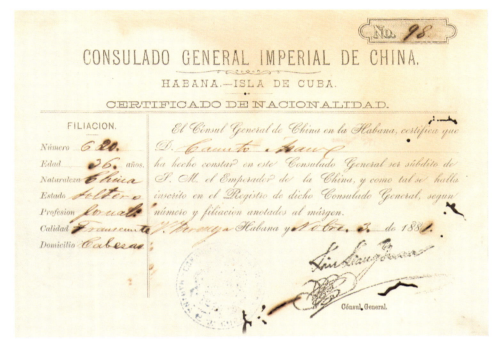

图2-33　1881年大清国驻古巴领事馆发给广东新会人莫三的"行街纸"

1897年古巴华侨雷学过境美国护照

该护照是古巴华侨雷学为过境美国而在古巴总领事馆申领的护照，单页纸质，长度为46.8厘米，宽度为29.5厘米。护照分为左右两部分，右边为中文正本，左边正反面为英文正本。该护照保存较差，英文部分大部分缺失。

护照中文部分没有开列雷学的相貌特征，但其中写道"所有该华人姓名各项洋文开列如左，须至护照者"，可见应在护照的英文部分开列了持照人的基本信息。护照发放时间处盖有长方形篆体印，内含九叠篆体"大清总领事之关防"。护照中文部分的空白处用红色的毛笔写着繁体的"護"字，这种特征在较早的护照中出现，笔者猜测这些红色的毛笔字体是持照者过关时类似出入境验讫章的一种记号。护照英文部分残损严重，信息较多缺失，护照上没有持照人的照片，但不排除残损的左侧护照上曾粘贴持照者的照片。英文部分下部有雷学的中文名字，古巴总领事黎荣耀则仅签署了一个"黎"字，在其签章处还盖有古巴总领事馆的圆形印章。该护照标注"限领照壹箇月内出港"，可知领事馆明确规定护照的使用期限，发照时间与出港日期距离很接近。受当时地理条件的限制，古巴华人来往国内多选择借道美国，而受美国排华法案的限制，过境美国的华商必须持有清政府颁发的护照，雷学所持的古巴总领事馆颁发的护照就是他为过境美国而申请的（见图2-34）。

图2-34　1897年古巴华侨雷学过境美国护照

三、南非华侨护照

南非位于非洲的最南端，面积122.2万平方公里，是华侨在非洲最主要的聚居地。南非自然资源丰富，盛产黄金与钻石，且地处大西洋和印度洋的交界处，地理位置非常重要。1652年，荷兰人最先入侵南非建立殖民地。1806年，英国人开始与荷兰人抢占南非的殖民地。1899—1902年，经过战争，英国最终占领了整个南非。

早在18世纪，南非就有华人的身影。19世纪初期，一些中国移民因南非技术工人缺乏而来到南非,随着奴隶贸易被禁止,南非出现较大的劳动力空缺。1882年,英国商人在中国招募了第一批华工来南非从事金矿开采工作,随后来自中国的手工业者、商人陆续来到南非(见图2-35、2-36、2-37)。

图2-35　南非开普敦中华会馆

图2-36　南非约翰内斯堡华侨学校的师生

图 2-37　南非约翰内斯堡华侨开设的商店

20世纪初，英国资本家到中国招募契约劳工到南非（见图 2-38）。而此时，南非相继推出了各种歧视性的排华法案，限制华侨华人华商的活动，华侨华人的处境愈加艰难。为此，侨居南非的华人向驻英大臣张德彝递交了请愿书，之后清政府在南非设立领事馆并派驻领事。

图 2-38　1905 年契约华工在准备登轮前往南非

经过谈判，1904年中英签订了《保工章程》，大批华工被运往南非从事矿工工作。这些华工在南非的境遇非常悲惨，备受各种剥削凌辱：矿业主可以随意处置和惩罚华工，而且劳动条件极差，因没有保护设施，事故频发；华工的驻地与外界完全隔绝，行动受到限制；恶劣的环境导致华工疾病和死亡不断发生。

考虑到南非华侨的要求和切实需要，清政府在南非设立了总领事馆，1904年，刘玉麟（见图2-39）被任命为南非总领事。刘玉麟（1862—1942），字运道，号葆森，广东香山（今中山市）人，1875年赴美，为中国第四批赴美幼童留学生之一。1886年派充驻纽约领事馆翻译官，1889年调任驻美使馆翻译官。1893年派为驻新加坡总领事馆翻译官，逾年署理新加坡总领事。1898年派为驻比利时使馆二等参赞，后派充澳大利亚总领事，任满调外务部丞参上行走。刘玉麟被任命为驻南非总领事时为二品衔直隶候补道。1905年4月，刘玉麟到达南非。

图2-39　南非总领事刘玉麟

1906年南非华商潘昌的护照

该护照是南非华商潘昌1906年4月25日向南非总领事馆申领的回国护照，单页纸质，护照规格为：长53厘米，宽43.3厘米。单面印刷，正文周边为蓝色水波纹边框，边框内中间顶部上书"护照"两个大字，正文为竖排中文，蓝色印刷字体，所设需填项均为手书。

该护照顶部中间有四行手书英文，经辨读，大致内容为："潘昌有事回广东，发给此照，大清领事署，1906年6月16日"。英文左侧为大清总领事署印章，右侧竖书"第二十三号"，可见此护照是1906年南非总领事署所颁发的第23号护照（见图2-40）。

刘玉麟任南非总领事仅两年时间，为推动护侨做了一定的工作，潘昌的护照就是这一时期的产物。不过对比美国华侨护照，潘昌的护照仅用英文手书了四行字，寥寥数语以应对南非馆员的审查，可见南非对华人的审查远没有美国严苛。

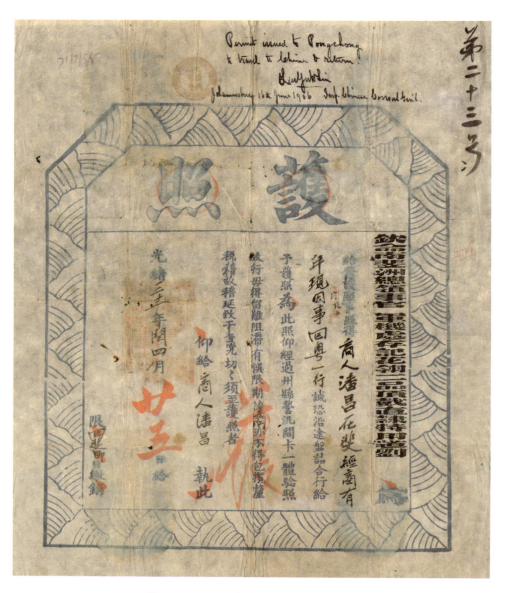

图 2-40　1906 年南非商人潘昌的护照

四、1909 年日本驻厦门领事馆发给林尔嘉的护照

该护照是生于台湾的商人林尔嘉向日本驻厦门领事馆申领的赴内地的护照，单页纸质，尺寸规格为：长 61.3 厘米，宽 43.5 厘米。单面印刷，正文周边为黑色边框，边框内中间顶部上书"护照"两个大字，正文为竖排中文，黑色印刷字体，所设需填项均为手书。该护照左侧有易裁线，印有护照编号及日本领事馆和中国地方官的骑缝印（见图 2-41）。

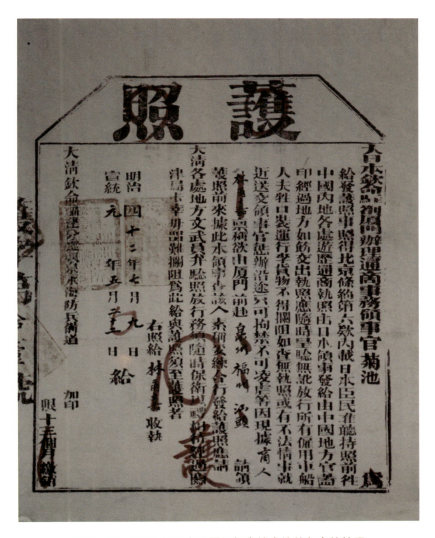

图 2-41　1909 年日本驻厦门领事馆发给林尔嘉的护照

该护照是日本驻厦门领事馆发给日本籍民赴内地游历、经商的护照,其法理依据是中日《北京条约》赋予列强国家的在华领事裁判权,是清末政府主权沦丧的产物。

林尔嘉(1875—1951,见图2-42),生于台湾,祖父为台湾名绅。甲午战争后,日本割据台湾,林尔嘉随父亲返回大陆,定居鼓浪屿。他重视振兴商务,光绪三十年(1904)被任命为厦门商务总会总理。他曾投资电话公司、电灯公司、漳厦铁路等实业。中华民国成立后,他曾担任4年厦门市政会会长,在当地兴办学校,热心于公益,晚年返回台湾。林尔嘉在日本割据台湾后返回大陆,本就是中国人,可以自由在国内往来,为何去内地经商仍要在日本驻厦门领事馆申领护照呢?

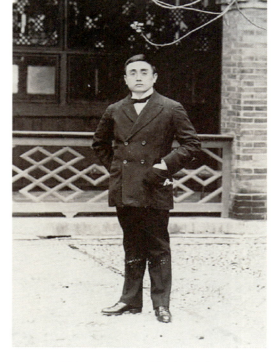

图2-42 民国时期的林尔嘉

日本通过甲午战争割据了台湾(见图2-43、2-44),并给予台湾的住民日本国籍,规定台湾人"出国"时要申领证照,到达目的地后向日本领事馆报到,因此台湾人享有日本国民待遇,台湾商人也就享有日本商人在中国的一切特权。清末,由于帝国主义国家的不平等条约,外国商人向领事馆申请由税关发行的三联单,进入大陆购买货物,可以免除地方的课税,因此国籍便具有减免捐税的作用。林尔嘉生在台湾,申领护照时他正投资经营他的电灯公司、电话公司等实业,以其台湾人的身份向日本领事馆申领护照,就能以外商的身份减免课税,并享受领事裁判权的保护,同时他又可以中国人的身份自由往来内地。因为有利可图,许多商人都采用这种方法,为此,福建当局多次与日本交涉,日本政府为了便于管理台湾籍民,也逐渐调整和完善了相应政策。

第二章 清代的中国护照

图 2-43 日本侵略军在台湾登陆

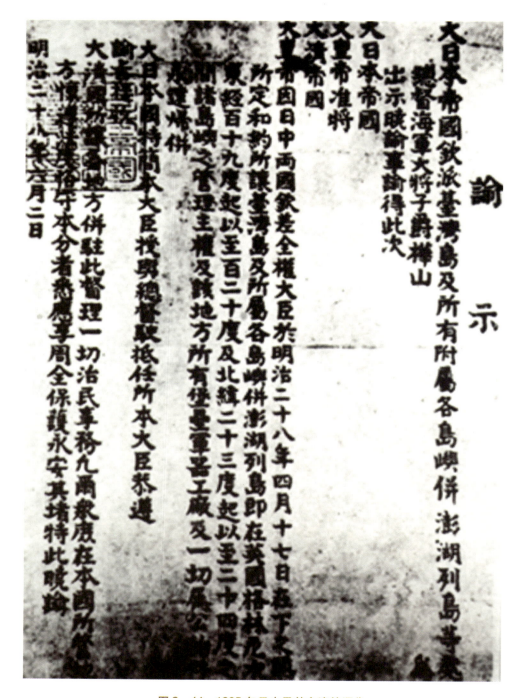

图 2-44 1895 年日本吞并台湾的通告

第三章　民国时期的中国护照

民国时期，中国护照开始由各省自行印制、形式各种各样向统一机构、统一格式发展，相应的护照制度也逐步完善，并颁行了关于护照的专门法规，护照制度向法制化迈出了重要一步。

第一节　民国护照制度史

民国时期是我国护照制度逐步完善的时期。

1912年，中华民国建立伊始，面对世界日益密切的人员往来，为了更便于管理国境出入，国民政府非常重视护照的管理工作（见图3-1），颁布了第一批护照申领法令，即《侨商回国请领护照简章》和《领署给发护照简章》。

图3-1　南京临时政府外交部

1912年国民政府颁布的护照法令，对使领馆发给华商回国的护照式样、手续等进行了规定（见图3-2），但华人出洋的护照格式，则各省规定不一。1916年，外交部曾颁布《新定请领出洋经商护照章程》（见图3-3），该《章程》共8条，对请领护照出洋经商的手续、保证金和具保商号等进行了规定，但并未涉及护照式样。1922年，北京政府外交部（见图3-4）为统一护照规定，颁布了华人出洋护照式样及《出洋护照试办章程》，该《章程》共21条，第一次统一规定了除外交官外的其余护照的式样，标志着中国护照制度进一步完善，并向法制化迈出了重要一步。但是，当时由于中国国内军阀割据，政权并未真正统一，因此护照的颁发和式样仍然是自行规定，未能实现统一。

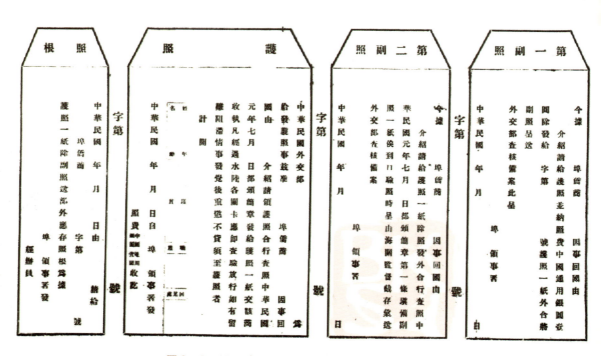

图3-2　1912年民国政府规定的华侨回华护照格式

新定请领出洋经商护照章程

一 每照应缴印花费二元照费二元
一 领照人须备呈四寸半身相片二纸一贴照上一存照根以便稽考
一 领照赴欧洲各国者每人须缴纳保证金二百元
一 领照赴美洲各国者每人须缴纳保证金四百元
一 所收保证金注明照上并交存中国交通两银行生息俟本人回国缴销护照时即将本息一并发还
一 领照出洋经商者须由商会具呈代领并须有殷实商号作保
一 小本营业暨无资本之技人虽照章缴纳保证金亦不发护照
一 凡商人到外洋以后如有不能回国致由驻外使馆出资遣回者则所有前缴之保证金准抵资遣费用偷有盈余仍行发还

图 3-3 1916 年外交部通告的
《新定请领出洋经商护照章程》

1927年，南京国民政府建立，国家实现了形式上的统一。为了秉承所谓的"革命外交"方针，国民政府加紧修改及废除当年与列强签订的卖国条约的行动，逐步废除了清政府与帝国主义国家签订的一系列不平等条约，加速收回国家主权。在这一背景下，国民政府颁布了一系列新的护照法律法规。

南京国民政府建立后，鉴于此前所发的出洋护照仍是北洋政府所定，当时北洋政府覆灭，北伐已经胜利，北洋政府制定的护照章程亦应根据情况进行变更，为此，护照的相关承办机关（见图3-5）、人员多次开会讨论。

图3-4 北京政府外交部门前的情景

图3-5 1928年国民政府外交部门前的情景

第三章　民国时期的中国护照

1929年12月，外交部制定《外交部颁发出国护照暂行办法》《外交部驻外使领馆发给回国护照及签证外人来华护照暂行条例》。这两份《暂行办法（条例）》颁布后，立刻在国内外引起了强烈反响，特别是广大海外华侨纷纷反对，认为《暂行办法（条例）》是剥削华侨的苛例，华侨联合会三次向国民政府请愿，并列举了十项理由请求撤销护照法。1931年1月，外交部将新制定的护照办法送交立法院外交委员会审核，并在立法院1931年1月20日第127次会议上通过，即1931年颁布的《护照条例》。

1931年《护照条例》颁布实施后，中国的护照第一次真正意义上统一为制式护照——本式护照，其主要特点有：①明确持照人身份。护照分外交护照、官员护照及普通护照三种，封面上分别印有红色、棕色烫金和黑色烫银字样，以示区别。②用三联本式护照。除封面、存根外，还附有一定的空白页数，以备加签。③申请护照需填写事项表和上交三张四寸半身近照。申请普通护照者，尚需呈交相应事由的证明材料。④因种类不同，格式、期限也不一致。⑤护照均附有英、法两种外文（见图3-6）。

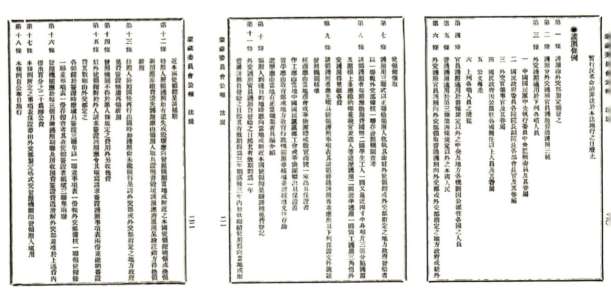

图3-6　1931年国民政府颁布的《护照条例》

1935年，国民政府针对一般民众出国需求越来越大，但对于请领护照及签证手续多不清楚的情况，为方便发照机关和领照人，国民政府特别颁发了《请领护照及签证须知》，分别就外交护照、官员护照和普通护照介绍了如何

67

申领和签证的手续，特别是对普通护照专门列举了英、法、美、比四国的签证做法。同时，该《须知》还列举了国内发照机关的名单：上海市政府、天津市政府、青岛市政府、汕头市政府、厦门市政府、广东省会公安局、烟台市公安局、汉口市公安局、闽侯县政府、迪化县政府、喀什县政府、阿山县政府、塔城县政府、伊犁县政府和云南特派员等，并列举了各国驻华领事馆京沪两地的馆址（见图3-7、3-8）。

图3-7　1936年南京国民政府外交部

图3-8　民国时期汕头美国领事馆

1944年，为适应新形势的发展，国民政府制定了新的《出国护照条例》。

民国时期护照管理制度的建设还包括另一方面的内容，就是对外人来华护照的管理。国民政府成立后，随着主权意识的不断提高，加强对来华外国人的管理成为重要内容，而其中最主要的就是对来华外国人的护照进行管理。国民政府最早涉及管理外国人护照的法规是1919年颁布的《管理无约国人民章程》，规定无约国人民入境应检验护照，进入内地则须请领护照等。1929年12月，国民政府制定了第一部专门针对外国人护照管理的法规《查验外人入境护照规则》。1946年，国民政府根据具体情况，又颁布了《查验外人护照实施办法》，该《办法》不仅规定了外国人入境护照的查验管理，对其出境、过境等情形的护照查验也进行了规定。此后，1947年，国民政府又颁布了新的《外人护照查验办法》。

国民政府颁布的一系列申领护照的条例和法规以及对外国人护照的管理规定等，共同构成了民国护照管理两方面的内容，形成了比较完善的制度体系，为国民政府有效管理护照提供了制度保障（见图3-9、3-10）。

图3-9　民国时期查验员正在查验入境外国人的护照

图3-10　民国护照查验员查验完毕外国人护照后放行下船情景

第二节　民国护照的管理

护照的管理，是指护照的申请、审批、签发及后续管理制度等。① 中华民国成立以前没有形成系统的护照制度，也没有形成系统的护照管理体系。中华民国成立后，随着护照制度的统一和法制化，护照才形成了系统的管理体系。1931年《护照条例》的颁布是民国护照管理发展的重要标志，在此之前民国政府的护照管理较为混乱，随着该条例的颁布，护照管理得以统一、规范。民国政府已经建立系统、完善的护照管理体系——护照的制定、颁发、种类、期效和担保等各方面均有规定（见图3-11至3-14）。

护照管理还有一项重要的内容就是防伪和打假。护照自诞生之日起就出现了伪造现象，因此护照管理部门始终将防止和打击伪造护照行为作为一项重要工作来对待，这主要包含两方面的内容：防伪技术和手段、护照打假。

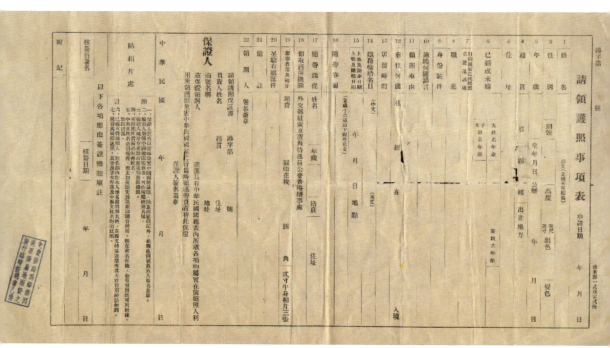

图3-11　民国时期"请领护照事项表"

---

① 江云：《中国护照制度史》，中国人民公安大学出版社2014年版，第111页。

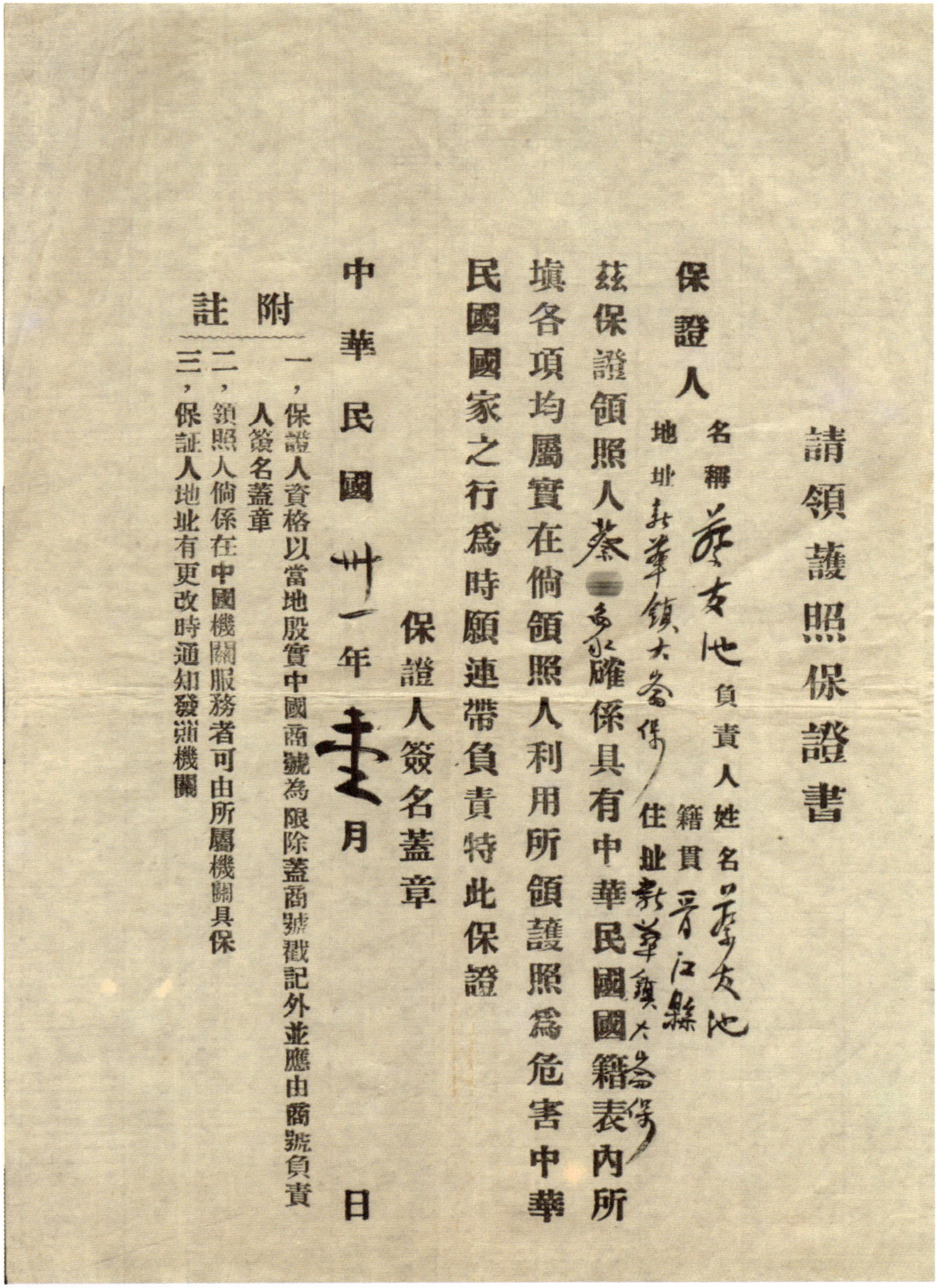

第三章　民国时期的中国护照

請領護照保證書

保證人　名稱 蔡支池　負責人姓名 蔡支池
　　　　地址 新華領大盤傑　籍貫 晉江縣
　　　　　　　　　　　　　　　住業 新華領大盤傑

茲保證領照人 蔡◯象 係具有中華民國國籍表內所填各項均屬實在倘領照人利用所領護照為危害中華民國國家之行為時願連帶負責特此保證

保證人簽名蓋章

中華民國卅一年壹月　日

附

註

一，保證人資格以當地殷實中國商號為限除蓋商號戳記外並應由商號負責人簽名蓋章

二，領照人倘係在中國機關服務者可由所屬機關具保

三，保証人地址有更改時通知發證機關

图 3-12　1942 年蔡×象申领护照时的"请领护照保证书"

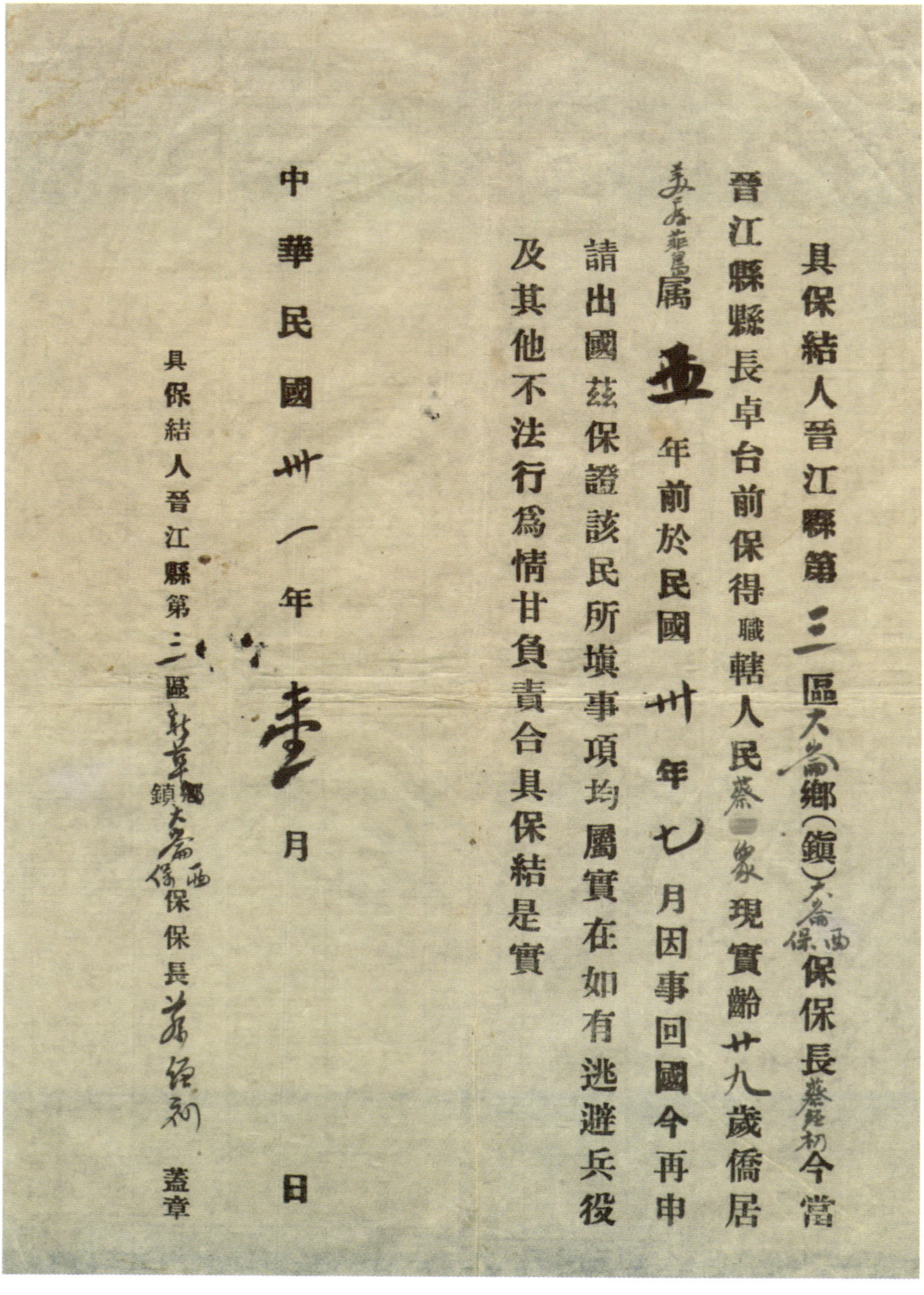

具保結人晉江縣第三區大侖鄉（鎮）大侖保保長蔡龍初今當

晉江縣縣長卓台前保得職轄人民蔡×象現實齡廿九歲僑居

美屬菲島壹年前於民國卅年七月因事回國今再申

請出國茲保證該民所填事項均屬實在如有逃避兵役

及其他不法行為情甘負責合具保結是實

中華民國卅一年　　月　　日

具保結人晉江縣第三區新草鎮大侖保保長蔡龍初　蓋章

图3-13　1942年蔡×象申领护照时地方政府出具的保证书

第三章 民国时期的中国护照

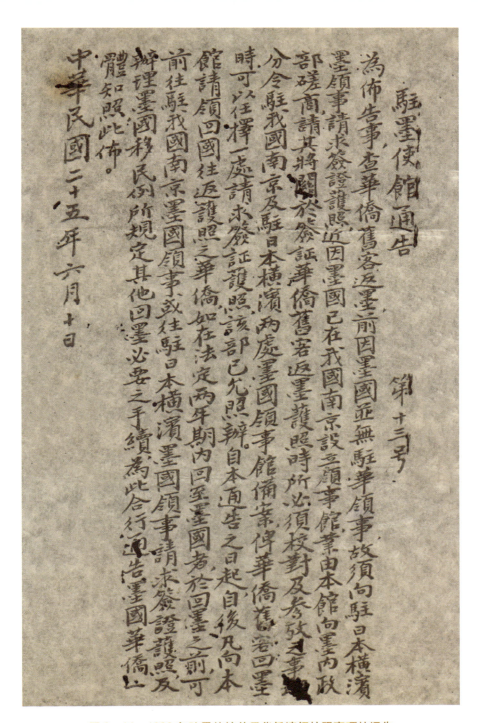

图3-14 1936年驻墨使馆关于华侨请领护照事项的通告

一、民国护照的防伪技术和手段

民国护照防伪技术和手段延续了历史和国内外通行证照的相关做法，主要有：①使用统一制式护照。民国前期护照式样不同，格式由各省自行规定，给护照的核查防伪造成了很大的不便，也成为许多外国关口核查部门刁难中国护照的口实。对此，在1922年，北洋政府就试图统一护照式样，但由于当时国内政局原因，最终未能实现。南京国民政府成立后，迅速制定了相应法规，并在1931年最终正式颁布《护照条例》，以法律的形式确定了护照的统一制式。②骑缝编号和印章防伪。民国护照采用三联形式，以骑缝印和编号作为重要的防伪手段，类似于中国古代的"勘合"，使用者和检查者比对两联的印章是否吻合，编号是否一致等（见图3-15）。③人体特征及照片防伪。民国护照都

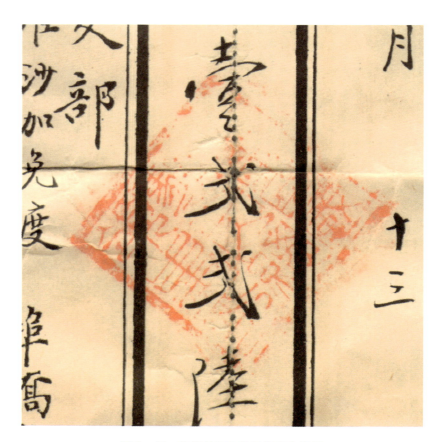

图3-15 民国护照上的骑缝印和编号

设有持照人个人信息的填写项目,包含姓名、年龄、职业、籍贯、身高和特征等,同时还必须粘贴持照人照片,并在照片和护照页交界处加盖钢印(见图3-16)或公章。④使用防伪暗记。据1940年一份外交部密电:由于"温逆应星在沪印有官员护照百份,式样、颜色均与外交部所发相同,印章、签字图章均已仿刻","经详细检阅","式样完全相同,唯每页上所印之空心'護'字,外交部所印者末两笔'又'字空心中有暗记'N'一字;在'員'字左足点空心中有'C'字,此点可以鉴别真伪"①。使用防伪暗记,说明民国护照在防伪的技术和理念上都有了重大发展。

图3-16 民国护照上盖有钢印的持照人照片

① 转引自杨世杰等:《中国近代以来护照防伪识伪技术之比较》,《武警学院学报》2003年第4期,第5—8页。

二、护照打假

民国时期实行的护照防伪技术，对防止护照伪造，鉴定执照人，防止护照错发、冒领、伪造起到了积极作用，使证件安全有了一定的保证，但这并不能杜绝护照的造假行为。为打击护照造假行为，1935年《中华民国刑法》第十五章第二百一十二条规定："伪造、变造护照……足以生损害于公众或他人者，处一年以下有期徒刑、拘役或三百元以下罚金"，而对于伪造外国公使领事护照的行为列为同罪，将护照造假列为刑事犯罪行为。然而，护照造假行为仍时有发生：1931年陈某"伪造外交部之护照及发照机关之印信，以及香港法领事之签证"，在上海销售，"每张三、五、十元不等"[①]，事发后被公安局通缉；1936年陈鹤鸣及其同伙在上海开设旅馆，"伪造中华民国外交部出洋护照、伪刊外交部印信及各种图章，并伪冒印度、托里斯托、孟买等领馆印文及签字，视之真伪莫辨"[②]，被公安抓获并提起公诉，而使用其伪造护照的侨胞则被外国关津查扣并遣返回国。

第三节 民国护照图赏

目前对于民国时期的护照尚没有系统的分类方法。鉴于民国华侨分布在世界各个地域，根据笔者所收集护照资料的情况，本书将按照北美华侨护照、南洋华侨护照、拉丁美洲华侨护照、非洲华侨护照和其他地域华侨护照进行介绍。

一、北美华侨护照

（一）美国华侨护照

中国政府在美国设立领事馆始于旧金山领事馆。1878年，清政府首任使美钦差大臣陈兰彬赴任途中经过旧金山，发现旧金山排华事件屡有发生，向朝廷奏报：旧金山是美国华人最为聚集的地方（见图3-17、3-18），近年来深受当地人以及爱尔兰移民的排挤，悬而未决的案件数百起，排华事件几乎每天

---

① 《申报》，1931年7月20日，第11版。
② 《申报》，1936年8月6日，第12版。

第三章　民国时期的中国护照

图 3-17　民国时期旧金山的唐人街

图 3-18　在旧金山唐人街玩耍的儿童

发生，应该在旧金山派设中国领事以为保护，并推荐随员中之陈树棠为首任驻旧金山总领事，美国人傅列秘为副领事。于是陈树棠在1878年12月抵达旧金山，开办了中国在美所设的第一个领事馆。随后，清政府还先后在纽约、夏威夷、波士顿、费城、波特兰和西雅图等地设立领事馆，并在美国当时的属地菲律宾、古巴设立领事馆。

1. 1917年金山总领事署发给马乾的护照

该护照为1917年7月23日台山籍华侨马乾申领的回国护照，根据护照可知：马乾，21岁，原籍广东新宁（今台山市），在美经商，因有事需回国，故向中华民国驻金山总领事署申领回国护照，并根据规定出具有金山宁阳会馆的介绍书（见图3-19）。

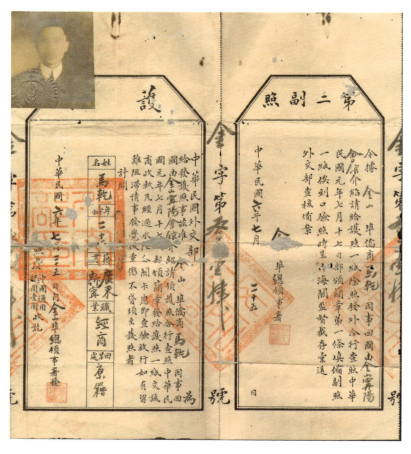

图3-19　1917年金山总领事署发给马乾的护照

第三章　民国时期的中国护照

宁阳会馆是广东台山旅外乡亲组织的社团，分布在世界很多地方，其中以新加坡宁阳会馆成立最早，而旧金山的宁阳会馆则最早在美洲地区组建。台山籍美国华侨原均属于1850年建立的四邑会馆（见图3－20），成员包括新会、台山、开平、恩平4县侨民。1854年，台山籍侨民因社团内部纷争，

图3－20　檀香山四邑会馆创始会旗

脱离四邑会馆，在旧金山建立宁阳会馆，到19世纪80年代，宁阳会馆成为旧金山华侨社区最大的华侨社团（见图3－21）。1906年，旧金山大地震（见图

图3－21　旧金山华侨创办的南侨学校

79

3-22），旧金山宁阳会馆会址被毁，后重新筹款在1907年建成新的会馆大楼，并最终发展为全美宁阳总会馆。宁阳会馆由台山籍旅外乡亲所组织，会馆不仅注册个人，还注册商店，因此也具备商会性质，如香港台山宁阳会馆后来改称为台山商会（见图3-23）。马乾为台山籍旅美华商，应在金山宁阳会馆注册为会员，因此他申领回国的护照是由金山宁阳会馆出具的介绍书。

图3-22　1906年旧金山大地震后的情景

图3-23　1942年台山宁阳会馆寄回的赈济灾民的电汇单

时任驻旧金山总领事为王廷璋（见图3-24）。王廷璋（1884—?），字子琦，浙江绍兴人，民国初期历任外交部秘书、驻墨西哥公使馆一等秘书等职。1917年任旧金山总领事，1919年任巴黎和会筹备委员，1922年起回国在外交部任职，1926年任驻葡萄牙全权公使等职。

图3-24　时任驻旧金山总领事王廷璋

2. 1917年金山总领事署发给杨琦的护照

该护照为1917年11月22日开平籍华侨杨琦申领的回国护照。根据护照可知：杨琦，32岁，原籍广东开平，在美国旧金山经商，因有事需回国，故向中华民国驻金山总领事署申领回国护照，并根据规定出具有肇庆会馆的介绍书（见图3-25、3-26）。

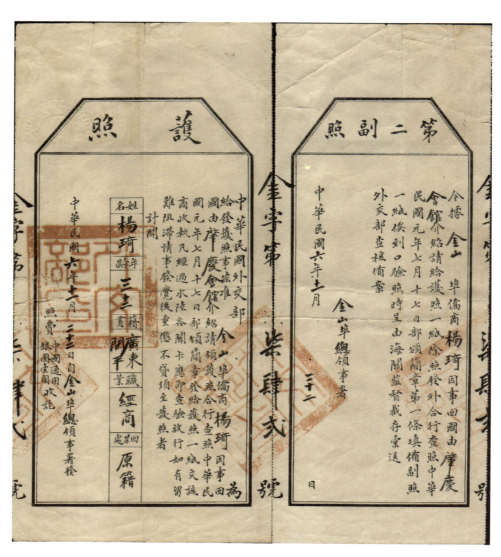

图3-25　1917年金山总领事署发给杨琦的护照

图3-26　广合腐乳，是开平华商在海外销售的重要商品

肇庆会馆是广东开平、恩平旅外乡亲在美国创建的社团。开平、恩平籍美国华侨原均属于1850年建立的四邑会馆，成员包括新会、台山、开平、恩平4县侨民。1862年，因社团内部纷争，台山籍余姓与开平、恩平籍邓、胡姓侨民脱离四邑会馆，在旧金山建立合和会馆。1876年，开平、恩平籍侨民又脱离合和会馆，建立肇庆会馆，随后广东高要、高明、清远、四会、三水、阳春、阳江等县侨民相继加入，肇庆会馆领导人职务一贯由开平人担任。杨琦为开平籍旅美华商，在旧金山经商，应在金山肇庆会馆注册为会员，因此他申请回国护照是金山肇庆会馆出具介绍书。

会馆组织是中国的传统，移民将这种传统带到了世界各地，海外华人社会中几乎都设有华侨会馆，而在旧金山则更为突出。旧金山有"七大会馆"之说，除前文马乾护照所提到的宁阳会馆和杨琦护照提到的肇庆会馆外，还有合和会馆、冈州会馆、阳和会馆、三邑会馆、人和会馆，这种七大会馆格局从20世纪初延续至今。会馆在华侨社会特别是早期华侨社会中发挥了重要作用，这些会馆多数由商人领导，不仅是一个互助的福利性组织，还起到自治管理的作用，维护着海外华侨社会的利益。

3. 1920 年金山总领事馆发给蔡炳森的护照

该护照为 1920 年 9 月 21 日华侨蔡炳森申领的回国护照,尺寸为长 31.9 厘米,宽 21.2 厘米,分左右两页,左侧中文护照页纪年处盖"中华民国驻金山总领事印"方形印章,左侧有易裁线。右侧为英文护照编号 487EC,照片盖有"中华民国驻金山总领事馆"圆形钢印,右下角盖有美国关卡或使领馆的红色印章。该护照并未登记申领人的个人信息,护照内填写项仅有持照人名称和发照时间两项,由此可知,这是旧金山总领事馆专为华侨回国印制的护照(见图 3 – 27)。

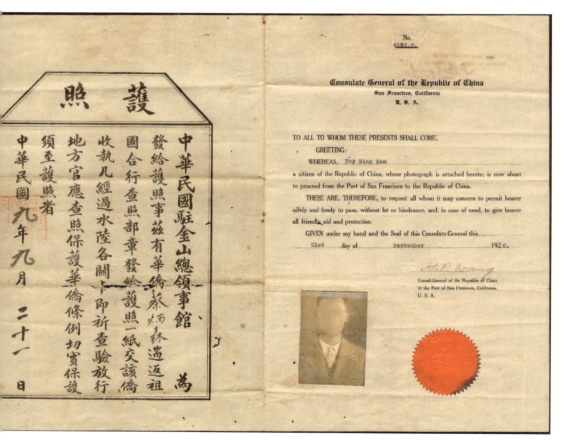

图 3 – 27　1920 年金山总领事馆发给蔡炳森的护照

时任中华民国驻旧金山（见图3-28）总领事为朱兆莘（见图3-29）。朱兆莘（1879—1932），字鼎青，广州人，早年留学美国。1913年被选为参议院议员，1918年任旧金山总领事，后任驻英公使馆一等秘书、驻英代办使事、驻意大利全权公使，1927年回国，任外交部政务次长、特派广东交涉员等职。

图3-28　1922年金山正埠意大利银行的汇票，由香港荷国安达银行支付

图3-29　时任中华民国驻旧金山总领事朱兆莘

4. 1926年金山总领事馆发给黄和的护照

该护照为1926年7月23日华侨黄和申领的回国护照，尺寸为长42.1厘米，宽29.2厘米，分左右两页。左侧护照中文页纪年及右下角"为"字处盖"中华民国驻金山总领事印"方形印章，左侧有易裁线。右侧护照英文编号4051Y，照片及右下角盖有"中华民国驻金山总领事馆"圆形印章（见图3－30）。

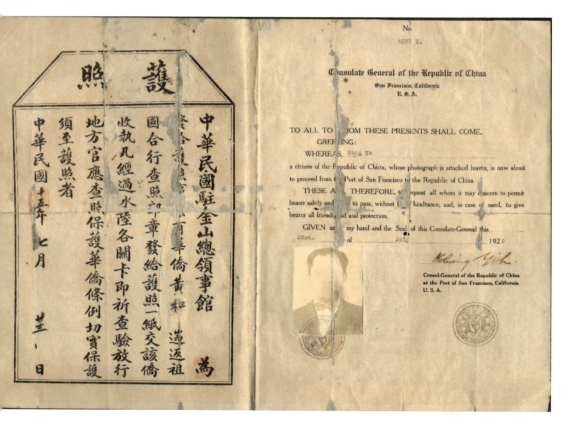

图3－30　1926年金山总领事馆发给黄和的护照

时任中华民国驻旧金山总领事为叶可梁（见图 3-31、3-32）。叶可梁（1879—1972），字肖鹤，福建闽侯人，1924 年任驻旧金山总领事，1930 年任驻芝加哥总领事，1932 年任驻纽约总领事。

图 3-31　时任中华民国驻旧金山总领事叶可梁

图 3-32　叶可梁领事在美国参加中国戏剧演出时的照片

5. 1929 年金山总领事馆发给余赞扬夫妇的护照

该护照为 1929 年 5 月 3 日华侨余赞扬夫妇申领的回国护照，尺寸为长 29.6 厘米、宽 29.6 厘米，分左右两页，左侧护照中文页纪年处盖"中华民国驻金山总领事馆"印。右侧护照英文页印"1928"字样，护照编号分别是 1762、1763。照片及左下角均盖有"中华民国驻金山总领事馆"圆形钢印（见图 3-33、3-34）。

时任中华民国驻旧金山总领事为龚安庆。龚安庆（1892—1959），字展虞，安徽合肥人，剑桥大学硕士，1926 年任驻旧金山总领事，1931 年任驻美国使馆一等秘书，1933 年任驻苏联伊尔库茨克总领事。

图3-33　1929年金山总领事馆发给余赞扬的护照

第三章　民国时期的中国护照

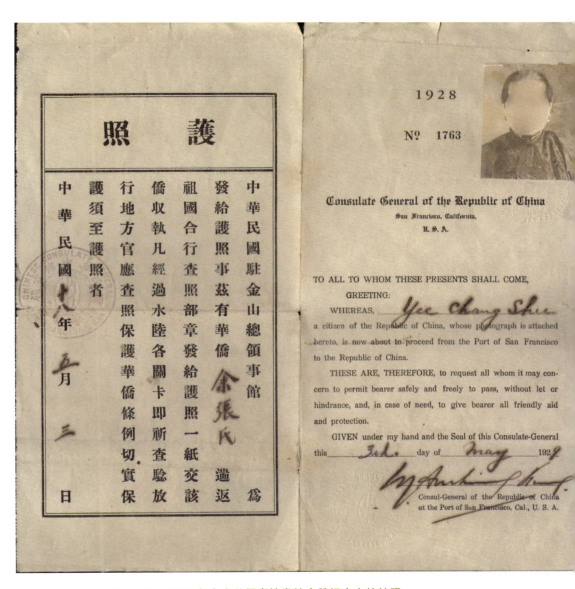

图 3-34　1929 年金山总领事馆发给余赞扬夫人的护照

余赞扬夫妇所申领的应是金山（见图3-35、3-36）总领事馆1928年印制的一批回国护照。而同时期，同为驻美领事馆——纽约总领事馆发给华侨的回国护照则是沿用民国初年规定的四联护照。

图3-35 旧金山的华侨照看自己子女的情景

图3-36 华侨关崇义由旧金山通过富源银号寄给在开平家乡的儿子关锡恩的信，信封标注"港艮伸港银一百元"

6. 1947年金山总领事馆发给胡兴的护照

该护照是开平商人胡兴1947年1月8日在中国驻金山总领事馆申领的取道香港回中国的护照。护照年限处将原"照费陆元"划掉，而在贴印花处盖金山总领事馆收费专用印章（见图3-27、3-38）。

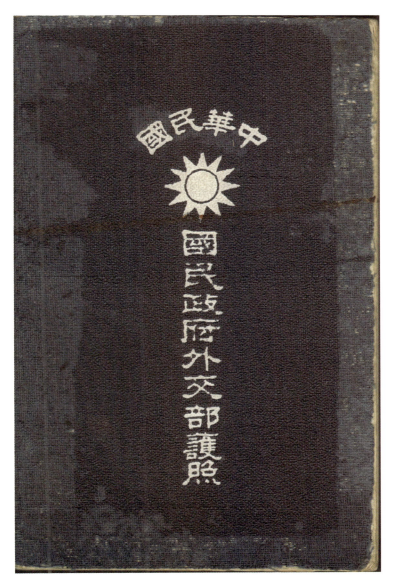

图3-37　1947年金山总领事馆发给胡兴护照的封面

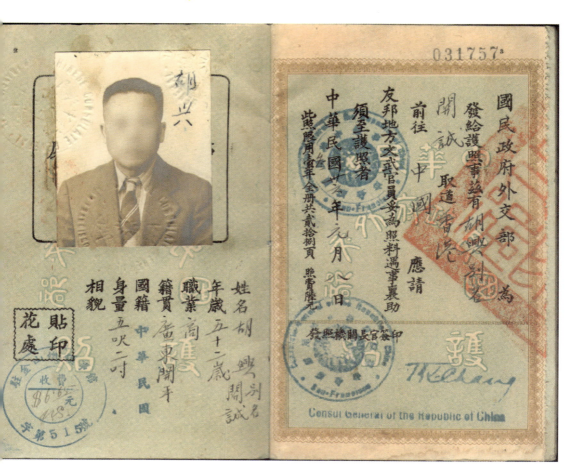

图 3-38　1947 年金山总领事馆发给胡兴护照的内页

7. 1930年纽约总领事署发给梁满的护照

该护照为1930年5月5日台山籍华侨梁满申领的回国护照（见图3-39）。根据护照可知：梁满，47岁，原籍广东台山，在美国纽约（见图3-40、3-41、3-42）做衣馆（即洗衣馆）的工人，因有事需回国，故向中华民国驻纽约总领事署申领回国护照。

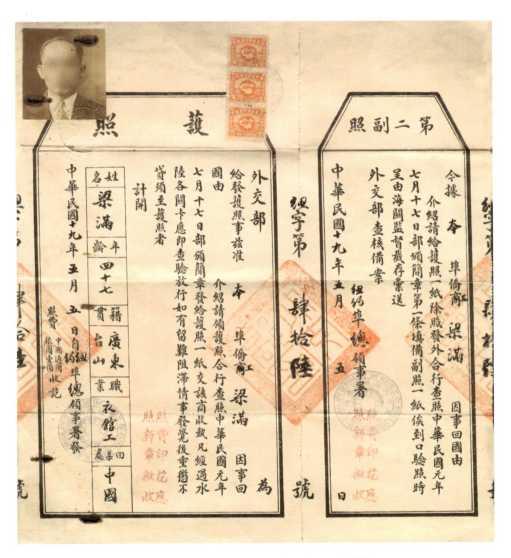

图3-39　1930年纽约总领事署发给梁满的护照

图 3-40　纽约的唐人街街景

图 3-41　纽约唐人街中的华人商店

第三章　民国时期的中国护照

根据民国元年《领署给发护照简章》《侨商回国请领护照简章》，四联护照主要是颁发给回国的华商，因此照文直接印为"兹准＊＊＊埠侨商＊＊＊因事回国"，梁满为华工身份，因此就将其护照原印的"商"字涂掉，手写改为"工"字。该护照的颁发时间为1930年5月5日，而1929年12月外交部就制定颁布了《外交部颁发出国护照暂行办法》《外交部驻外使领馆发给回国护照及签证外人来华护照暂行条例》，规定华侨回国所申领的护照应为三联式，并根据申领人的不同身份缴纳不同数额的护照费和印花税。有趣的是，纽约总领事馆发给梁满的护照仍沿用民国初年印发的四联护照，这是违背新的护照法规的，但其又让梁满缴纳了3元的照费和3角的印花税，并在护照上粘贴了印花税票和盖印了"照费印花应照新章征收"的字样，表示执行了新的护照法。

时任驻纽约总领事为熊崇志（见图3-43）。熊崇志（1883—?），字位西，广东梅

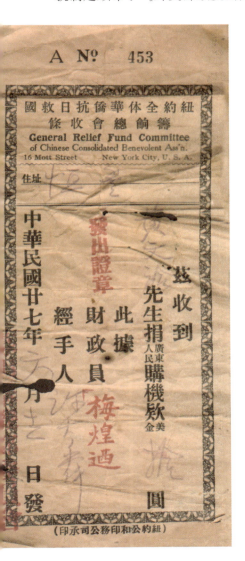

图3-42　1938年纽约全体华侨抗日救国筹饷总会收条

图3-43　时任民国驻纽约总领事熊崇志

95

县人。1929年9月，任驻纽约总领事。1930年2月，兼代驻芝加哥总领事，同年2月，任驻墨西哥公使代办。1931年2月，任驻墨西哥全权公使。1933年8月，任驻巴西全权公使。①

8. 1947年纽约总领事馆发给陈瑞的护照

该护照是1947年7月28日陈瑞在纽约总领事馆申领的回国护照（见图3-44、3-45）。护照照费根据印制为"国币伍拾元"，其时货币贬值严重，照费由4元升至50元。时任纽约总领事为张平群（见图3-46）。张平群（1900—？），天津人，曾留学英国，1933年任外交部秘书，1946年任驻纽约总领事。

图3-44　1947年纽约总领事馆发给陈瑞的护照封面

---

① 石源华主编：《中华民国外交史辞典》，上海古籍出版社1996年版，第354页。

第三章　民国时期的中国护照

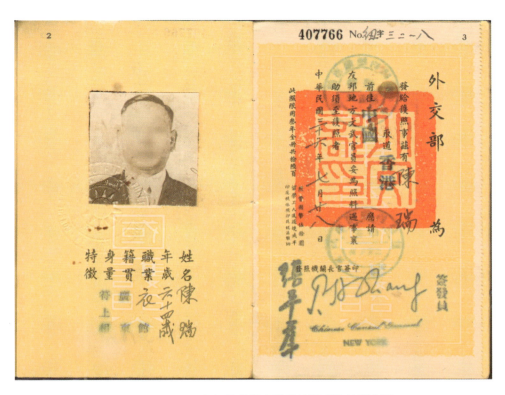

图 3-45　1947 年纽约总领事馆发给陈瑞的护照内页

图 3-46　时任纽约总领事张平群

从护照可知，陈瑞在纽约从事衣馆工作，衣馆即洗衣馆（见图3-47）。19世纪中期开始，华侨前往美国淘金、修铁路。铁路修建完成后，留在美国的华工开始另谋生路，初到纽约的华侨开始经营洗衣馆，后来经营洗衣馆的华侨越来越多，约占纽约华侨总数的一半以上，最兴盛时总数达4000多间，成为华侨经济的支柱产业（见图3-48）。

图3-47　美国华侨开设的洗衣馆

图3-48　1944年纽约台山宁阳会馆通过中国银行给中国慈善救济总会汇款，以救济难民

(二) 加拿大华侨护照

加拿大是一个移民国家，地广人稀，资源丰富。华侨华人自19世纪中期开始移民加拿大，后因参与加拿大太平洋铁路修建，加拿大华侨数量快速增长。当时加拿大华侨以广东籍为主，主要分布在渥太华、温哥华和蒙特利尔等大城市（见图3-49、3-50）。虽然加拿大华侨人数很多，但中国政府在加拿大设立使领馆的工作则较为滞后。直至1908年，清政府才在加拿大首都渥太华设立总领事馆，在温哥华设立领事馆（见图3-51），1943年温哥华领事馆升格为总领事馆。1944年，应华侨要求，国民政府先后分别在多伦多、温尼辟（即今温尼伯）设立总领事馆和领事馆。

图3-49　加拿大华侨开设的裁缝店

图3-50　加拿大华侨开设的中餐馆、洗衣馆和杂货店

图3-51　温哥华领事馆领事雷炳扬迎接国民政府财政部特派考察员时的合影

1. 1929年温哥华领事馆发给谭谦的护照

该护照为1929年8月6日台山籍华侨谭谦申领的回国护照（见图3-52）。根据护照可知：谭谦，31岁，原籍广东台山，在加拿大满城（即今蒙特利尔）经商，因有事需回国，故向中华民国温哥华领事馆申领回国护照。

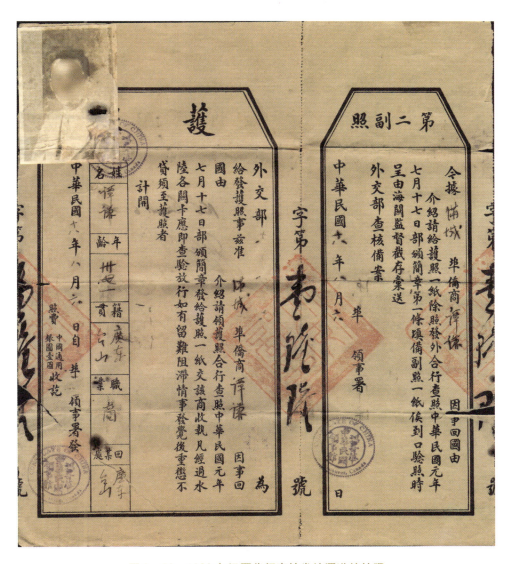

图3-52 1929年温哥华领事馆发给谭谦的护照

台山华侨（见图3-53、3-54、3-55）谭谦在加拿大东部的蒙特利尔经商，按规定他原本应该在其就近的渥太华总领事馆申领护照，而他却不远万里穿越整个加拿大到其西部的温哥华领事馆请领护照，主要是因为温哥华是加拿大西部最繁华的港口，该港是亚洲到北美洲最近的港口。谭谦要回国，必须经过温哥华，因此他便在温哥华请领了回国护照。

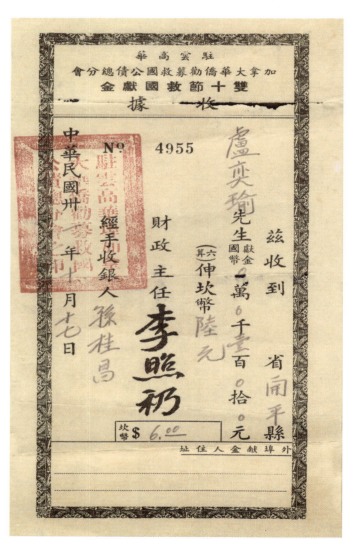

图3-53　1942年驻温哥华加拿大华侨劝募救国公债总分会双十节救国献金收据

第三章　民国时期的中国护照

图 3-54　温哥华的台山会馆　　图 3-55　民国时期温哥华华侨学校的女学生

2. 1947 年温哥华总领事馆发给麦箕琏的护照

该护照是台山商人麦箕琏 1947 年 1 月 14 日在中国驻温哥华总领事馆申领的取道美国、香港及远东各国前往中国的护照（见图 3-56、3-57、3-58）。有意思的是，该照中有一处明显的笔误，将"卅"字的中间一竖忘记写了，乍一看很容易被认为是"廿"字，对照英文页面的时间，才可确认该护照的颁发时间是 1947 年。照中将"照费陆元"划掉，改为"照费国币五十元"，该字样与照中"美国香港及远东各国""中国""广东""商"等字样均系印章盖印上去，可见这些字样均是当时温哥华总领事馆在签发护照以及其他证件时常用的字，所以篆刻了印章，便于使用。该护照并未在中文页面中对 1929 年版护照中一年有效期进行修改，但英文页中却明确说明护照有效期

图 3-56　1947 年温哥华总领事馆发给麦箕琏的护照封面

到 1950 年，也就是三年有效期。发照机关长官签印处为时任中国驻温哥华总领事馆领事黄荫余的中英文签名以及印章。黄荫余（1902—?），字逸芬，广东台山人，1944 年任温哥华总领事馆领事。

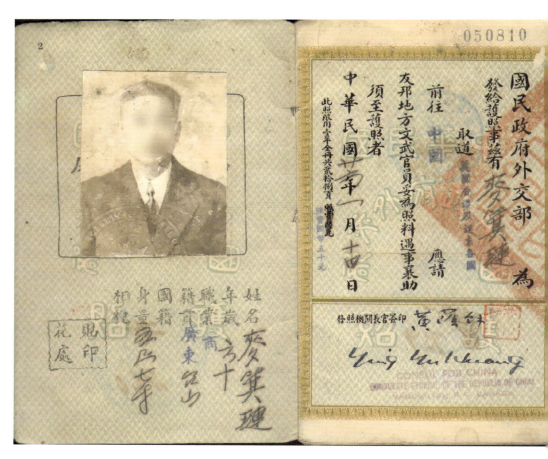

图 3-57　1947 年温哥华总领事馆发给麦箕琏的护照内页

第三章　民国时期的中国护照

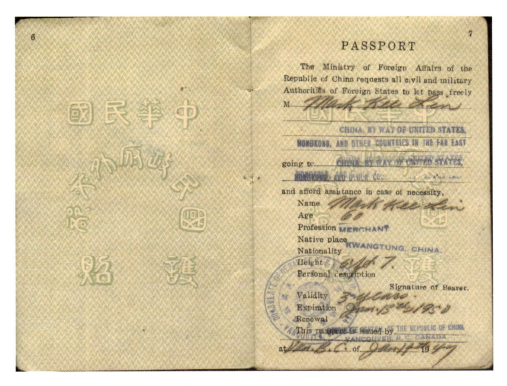

图 3-58　1947 年温哥华总领事馆发给麦箕琏的护照英文页

3. 1948 年温尼辟领事馆发给李朝庆的护照

1948 年 1 月 3 日，鹤山籍华侨李朝庆取道美国，经由中国香港回国，在中华民国驻温尼辟领事馆申领临时护照。护照规格为长 35.2 厘米，宽 21.3 厘米，双面印刷单纸护照，护照分为上下两个部分，上半部分是中文，下半部分是英文。

护照的中文部分顶部标注繁体"护照"二字，正下方贴有持照人照片，照片上部盖有"中华民国驻温尼辟领事馆"的钢印，中文正文部分为铅印的自右至左的竖行中文字体，持照人资料及签证官的署名用硬笔填写，护照日期处盖有"中华民国驻温尼辟领事馆印"字样方印。护照的英文部分顶部同样标注稍大的英文"PASSPORT"，正文为铅印的自左至右的横行英文字体，持照人资料为电子打印，签证官的署名用硬笔填写。护照背面为签证页，盖有该护照的签证信息（见图 3-59）。

温尼辟（Winnipeg）位于加拿大中部，濒温尼辟湖，为加拿大国家铁路和加拿大太平洋铁路汇集点，是重要的交通枢纽，附近盛产小麦。该地华侨甚多，且于抗战期间成立华侨团体，对国内抗战捐款捐物，贡献甚大。1944年，中华民国在温尼辟设立领事馆，首任领事翁文涛、副领事金善增。翁文涛，字爵年，浙江人，翁文灏的胞弟，圣约翰大学文学学士，民国著名外交人士。

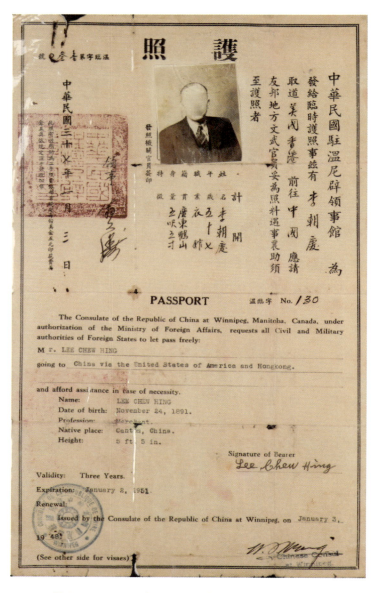

图3-59　1948年温尼辟领事馆发给李朝庆的护照

二、南洋华侨护照

（一）仰光

缅甸是西南丝路的必经之地，又与中国云南接壤，因此自古以来就是华侨聚居的地方，而缅甸华侨在整个世界华侨历史中其经济形态独具特色——以商业为主要经济形态，主要经营中国进出口贸易，缅甸也成为通往南洋各国的重要集散地。1871年在仰光的闽粤商人就有数万人，到1941年，在仰光的华侨商店、公司、工厂以及摊贩等近4000家，而工业只有33家（见图3-60）。

图3-60 仰光的观音寺

仰光是缅甸最大的港口，这里海港条件优良，是海上丝绸之路的重要节点，而闽粤华侨来往缅甸仰光也正是沿着海上丝绸之路的航线——经马来西亚槟城、新加坡马六甲海峡、中国香港——再往内地。由于缅甸和中国西南接壤，因此华侨来往缅甸的路线还有一条陆路通道，主要来往的是中国西南各族在缅华侨。

中国在仰光设立领事馆的动议很早，但一直未受到清政府的重视。早在1894年中英《续议滇缅界、商务条款》中就规定中国可以在仰光设立领事馆，但清政府却迟迟不在仰光设领事馆护侨，缅甸华侨的利益诉求只能通过商董来表达，清政府遭到社会各界的谴责，云南地方官员和政府进步官员也多次上书朝廷。在这样的历史背景下，1909年，清政府终于在仰光设立领事馆（见图3-61），首任领事为欧阳庚。

图3-61　民国驻仰光领事馆外景

1. 1920年民国驻仰光领事馆发给吕炳炎的护照

1920年11月2日，吕炳炎因要由仰光经槟城、新加坡、香港回国在仰光领事馆申领的护照（见图3-62、3-63）。

护照尺寸规格为：长39.2厘米，宽22厘米，护照编号为4442。有效期为

12个月。照片粘贴在左上角位置，照片及领事馆签印处盖有"中华民国驻仰光领事馆"印章。外文版面横排印刷，上部正中印有北洋政府时期十二章国徽图案①。

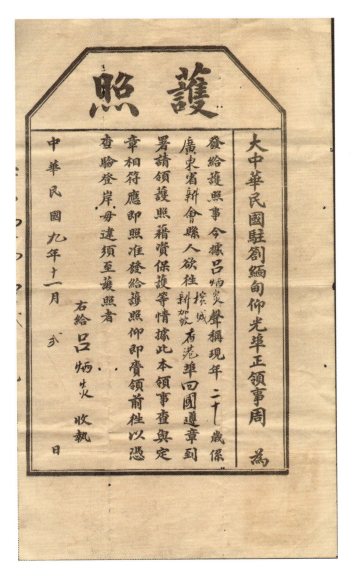

图3-62　1920年民国驻仰光领事馆发给吕炳炎的护照正面

---

① 参见《鲁迅全集》（第八卷）"致国务院国徽拟图说明书"，人民文学出版社2005年版。

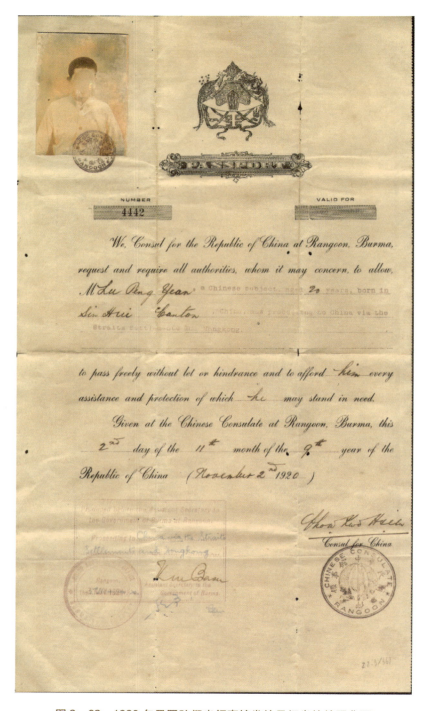

图 3-63　1920 年民国驻仰光领事馆发给吕炳炎的护照背面

时任驻缅甸仰光总领事是周国贤（见图3-64）。周国贤（1881—1938），字希哲，福建人，毕业于美国哥伦比亚大学，曾作为翻译跟随康有为周游各国，后来担任北洋政府驻菲律宾、缅甸和加拿大等国领事和总领事。1929年结束外交官生涯，回北京教学，1938年逝世。周国贤的夫人为梁启超的长女梁思顺，二人的姻缘还是梁启超促成的。

图3-64　时任驻缅甸仰光总领事周国贤与夫人、子女的合影

2. 1920年民国驻仰光领事馆发给李佑琼夫妇的护照

1920年8月17日，李佑琼夫妇携子女各一人，因要由仰光回国，在仰光领事馆申领的护照，共两份，李佑琼一份（见图3-65、3-66），李伍氏及子女一份（见图3-67、3-68）。

护照尺寸规格均为：长39.2厘米，宽22厘米。李伍氏护照标明携带子女各一人，分别为7岁和5岁。护照外文版面可见护照编号分别是3894、3895，有效期为12个月。照片粘贴在左上角位置，照片及领事馆签印处盖有"中华民国驻仰光领事馆"印章。李伍氏护照的照片是其与子女的合影，李伍氏居中，子女分列左右，而这张照片上也盖了两个印章，子、女处各盖一次。

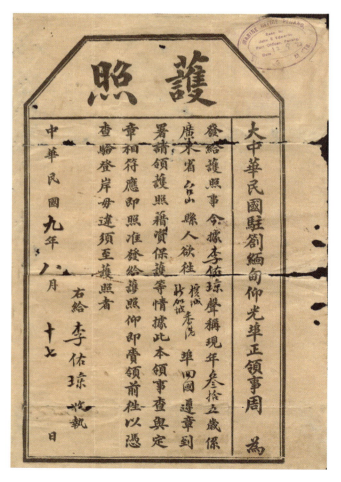

图3-65　1920年民国驻仰光领事馆给李佑琼的护照正面

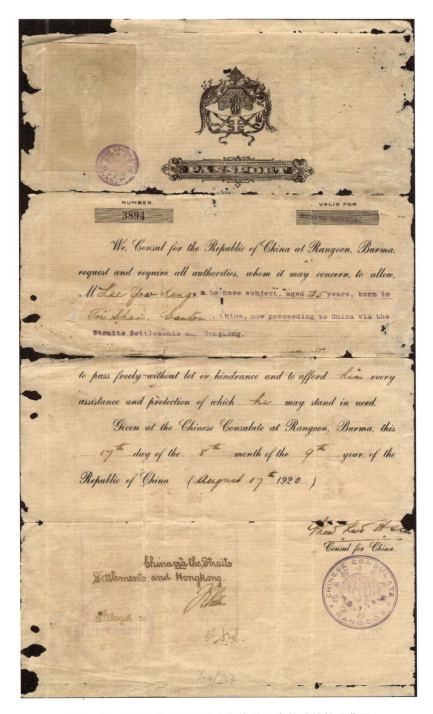

图 3-66　1920 年民国驻仰光领事馆给李佑琼的护照背面

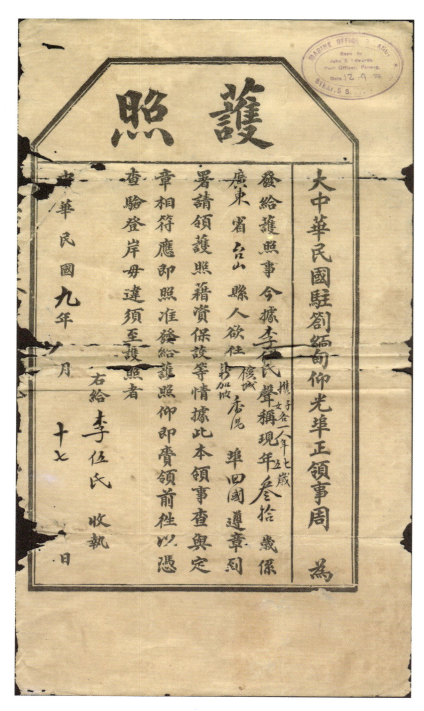

图 3-67 1920年民国驻仰光领事馆给李佑琼夫人及子女的护照正面

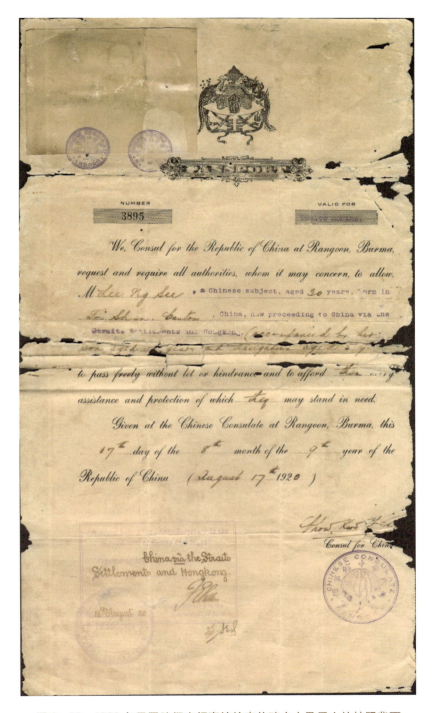

图 3-68　1920 年民国驻仰光领事馆给李佑琼夫人及子女的护照背面

李佑琼夫妇申领的回国护照和同年吕炳炎申领的回国护照时间相差不到三个月,护照编号数相差547,据此可以推断,在1920年8月17日到11月2日期间,还有547位华侨在仰光领事馆申领了回国护照。另外,他们护照中所标明的回国路线均是经过马来西亚的槟城、新加坡和中国香港然后到达国内。

3. 1929年民国驻仰光领事馆发给曹达的护照

1929年9月13日,曹达要从仰光回中国再回仰光,因此在驻仰光领事馆申领护照。

该护照尺寸规格为:长43.4厘米,宽20.8厘米,护照中文版面的顶部梯形线框顶部外印有横向的中文字体"来回护照"。护照日期处盖"中华民国驻仰光领事馆印",照片粘贴在左上角位置。照片的右侧粘贴有中华民国国徽"青天白日"图案。该护照中文及英文版面都将申领人的往返地直接印制在护照上,而非手书填写,可见当时从仰光出发,往"中国路经槟城、石叻及香港再由中国回仰光"的华侨华人非常多,所以仰光领事馆专门印制了此种来回护照。时任驻缅甸仰光领事是许瑞鋆。

有趣的是,该护照有几处涂改:首先,中文版面护照的有效期限处,仔细观察可见该护照有效期原为"二年",后改为"一年",此处更改没有像其他护照一样将原先字迹涂掉后在旁边再写新的字,而是直接在"二"字上面改写成中文大写的"壹",且将"二"字的下面一横直接用作"壹"字的最底一横,将"二"字的上面一横融入"壹"字中间"宝盖"中的横。而英文版面有效期限更改则不能像中文一样直接修改,而是把原字涂掉后手书新字,并加盖领事馆的印章。其次,该护照英文版面的中华民国国徽"青天白日"图案是后来贴上去的,笔者判断,其下应原为北洋政府的十二章国徽图案。南京国民政府1928年完成北伐,中国完成统一,前中国驻南洋各领事馆都名义上服从北洋政府,因此印制的护照都有北洋政府时期的国徽。曹达申领来回护照时,正值南京国民政府完成统一不久,正式的护照法规尚未颁布,因此仰光领事馆便将北洋政府时期印制的护照再行使用,便出现了上述涂改(见图3-69、3-70)。

第三章 民国时期的中国护照

图3-69　1929年民国驻仰光领事馆发给曹达的护照正面

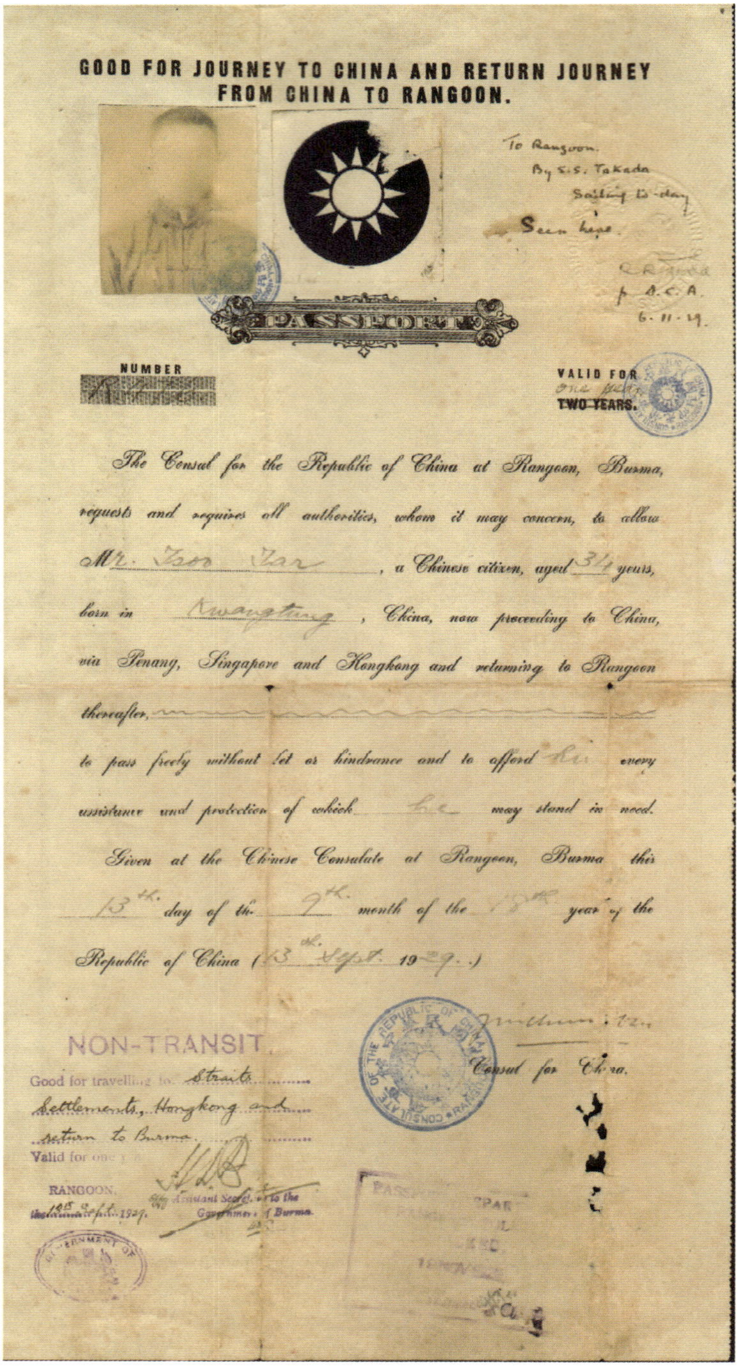

图 3-70　1929 年民国驻仰光领事馆发给曹达的护照背面

许瑞鋆（1897—?），广东人，字公遂，北京大学法律课肄业，1919 年后任北京政业部副秘书、《民报》编辑等，先后任新加坡副领事、越南西贡领事、缅甸仰光领事（见图 3-71），1934 年任菲律宾马尼拉领事，1935 年后离职。

图 3-71　许瑞鋆赴仰光就任时受华侨各界欢迎的场景

4. 1931 年仰光领事馆发给张成滚的护照

该护照是开平商人张成滚于 1931 年 7 月 17 日在中国驻仰光领事馆申领的取道槟城、星洲、中国香港前往中国内地再回缅甸的护照（见图 3-72、3-73）。护照中将"此照限用壹年全册共二十八页，照费陆元"中"壹""陆"字均手改为"三"。护照第 8 页，标注该护照延期至"民国二十年七月十七日"。发照机关长官签印处为时任驻缅甸仰光领事许瑞鋆的英文签名。

图 3-72　1931 年仰光领事馆发给张成滚的护照封面

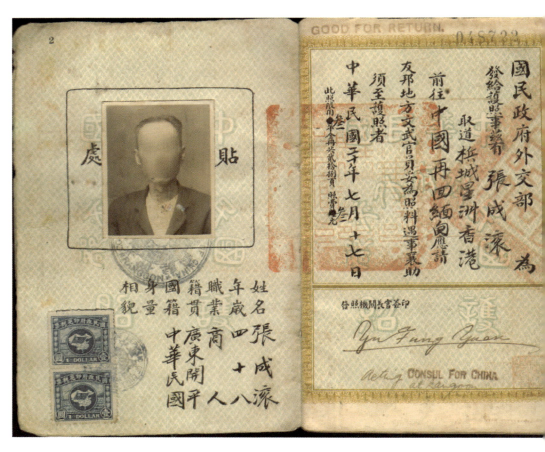

图3-73　1931年仰光领事馆发给张成滚的护照内页

第三章 民国时期的中国护照

(二) 新加坡

中国驻新加坡（见图3-74、3-75、3-76）领事馆是中国最早在海外设置的领事馆，始建于1877年。新加坡总领事向来兼辖海门等处，民国早期亦然。"海门"是指马六甲、槟榔屿、威利斯雷省及其属部科科斯群岛，以及白蜡、雪兰莪、芙蓉及柔佛等地，英国人将这些地方统称为"海门属部"。

图3-74　新加坡华侨进行舞龙活动

图3-75 华侨在新加坡建设的中国寺院

图3-76 新加坡的中国街

1. 1922年新加坡兼辖海门等处总领事馆发给吕炳炎的护照

1922年5月2日,广东商人吕炳炎由新加坡经马来西亚庇能前往仰光而在中华民国驻新加坡总领事馆申领的护照(见图3-77、3-78)。其尺寸为长43厘米,宽20.3厘米,双面印刷,正面为竖排中文,正文周边印刷外粗内细双黑色边框,边框中间顶部为梯形,内书"护照"两个大字,其中纪年"中华民国"字样处盖"中华民国驻新加坡总领事馆"印。

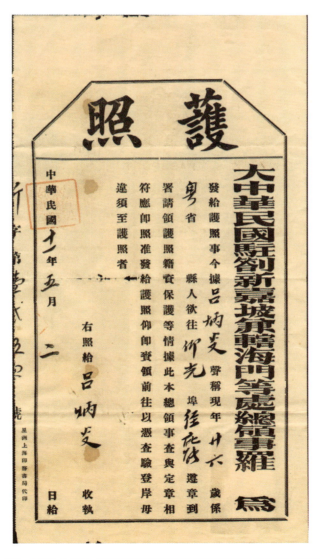

图3-77　1922年新加坡兼辖海门等处总领事馆发给吕炳炎的护照正面

图 3-78　1922 年新加坡兼辖海门等处总领事馆发给吕炳炎的护照背面

第三章　民国时期的中国护照

现存护照可辨识为"新字第壹贰伍四号"。该护照的左下角可见竖排中文小字"星洲上海印务书局代印"。该护照是中华民国驻新加坡总领事馆委托星洲上海印务书局代为印制的一批,以木刻为底板铅字油印。由此可见,民国早期护照的印制为政府规定护照的基本要素和要求,由各领事馆或者外交部门根据自身实际情况自行安排印制。

罗昌(1884—1955,见图3-79),字文仲,广东宝安人,1884年生于夏威夷,牛津大学博士。罗昌是梁启超的弟子,曾担任其随行书记及翻译。民国成立后,先后任北京政府交通部书记官、外交部特派山东交涉员、厦门关监督。1918年,派署驻新加坡总领事,后升任驻新加坡兼辖海门等处总领事。1922年11月,派署驻加拿大总领事。1925年任外交部参事。1929年转入教育界,先后任北平师范大学、北京大学和北京师范学院教授等职,特别是受国立北京大学邀请出任拉丁语教授,与温源宁、徐志摩一同成为北大英文学会导师,1955年去世。罗昌的妻子是康有为的次女康同璧(见图3-80、3-81),早年留学美国,曾参与傅作义将军和平解放北平的和谈,曾任北京市人大代表、全国政协委员、中央文史研究馆馆员。罗昌与康同璧有一子一女,子为罗荣邦,早年留学美国,历任美国各大学教授;女为罗仪凤,她16岁考入燕京大学,通晓英、法等六国语言,是著名的"月季夫人"蒋恩钿①(见图3-82)的二弟子。

图3-79　时任新加坡兼海门等处总领事罗昌

罗昌任驻新加坡兼辖海门等处总领事仅有半年多时间,吕炳炎所申领的这份护照就是罗昌在这半年任期内的第二个月,即五月份所颁发的第1254号护照,可见民国时期东南亚华侨人员来往频繁。

---

① 蒋恩钿是我国著名的女园艺家,因丈夫陈谦受的原因,她继承了旅欧华侨吴赉熙从国外引进的两百多个月季花品种,蒋恩钿虽然是清华大学西洋文学专业出身,但因喜欢月季且受吴先生重托,便悉心培养月季,并在迎接中华人民共和国成立10周年之际,将所珍爱的400株月季花全部捐给国家,在人民大会堂建月季园。后来她又成功主持了天坛月季园的建造,陈毅元帅参观该月季园时大为赞赏,称其为"月季夫人"。

图3-80 罗昌的夫人康同璧女士像

图3-82 "月季夫人"蒋恩钿

图3-81 康有为与康同璧、罗昌等合影(中坐者为康有为,当时他在巴纳德学院念书的次女康同璧坐在他的右手边,她身后站着的则是在牛津大学念书的罗昌)

2. 1927年新加坡兼辖海门等处总领事馆发给曹达的护照

1927年9月21日,曹达因要从新加坡赴仰光在新加坡兼辖海门等处总领事馆申领的护照,长43厘米,宽20.3厘米,其中纪年处盖有"中华民国驻新加坡总领事馆"印。护照左下角盖有"中华民国驻新加坡总领事馆"印。护照外文版面标注护照有效期为6个月,由此推断曹达申领该护照主要是作为归国途中及入境时的身份证件(见图3-83、3-84)。

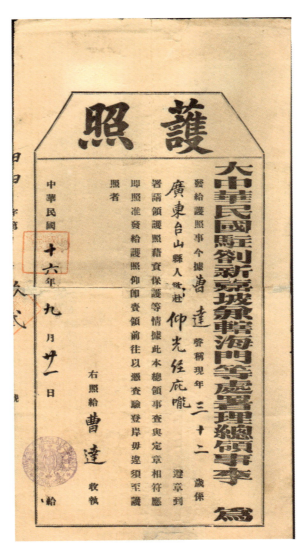

图3-83 1927年新加坡兼辖海门等处总领事馆发给曹达的护照正面

图3-84　1927年新加坡兼辖海门等处总领事馆发给曹达的护照背面

时任驻新加坡兼辖海门等处总领事是李骏（见图3-85）。李骏（1892—1948），字显章，广东梅县人。1912年任南京临时总统府秘书，1913年由交通部选派英法留学，先后毕业于英法商业学校。1917年入北京政府外交部任职，奉派赴法充当华工监督，先后任驻巴黎副领事、驻法公使馆二等秘书、驻新加坡总领事、驻加拿大总领事、驻巴黎总领事。1934年3月升任驻秘鲁公使。1947年任驻丹麦公使。

图3-85　时任驻新加坡兼辖海门等处总领事李骏

3. 1941年新加坡总领事馆发给朱耀的护照

1941年9月3日新加坡总领事馆发给朱耀的护照，持照人照片为四寸半身像，上盖有新加坡总领事馆钢印。发照机关长官签印处盖有"中华民国驻新加坡总领事馆印"印章，并有时任新加坡总领事高凌白的英文签名。高凌白，生卒年不详，江苏人，毕业于北洋大学土木工程系，后任蒋介石侍从机要秘书，1941年出任新加坡总领事，日军侵占新加坡时撤离。

该护照第4页正中呈方形贴有四张面值"一元"的国民政府印花税票，其下横向贴有两张面值"二元"的外交部收据，收据和印花税票上均盖有新加坡总领事馆的印章。此外，该页还在左上角盖有"普通　照费四元、印花四元共国币八元，折合叻币四元五角六"的红色字样。

朱耀系海员身份,因此该护照多次延期,最后一次延续到1948年10月26日,现该护照上盖有注销的印章(见图3-86、3-87)。

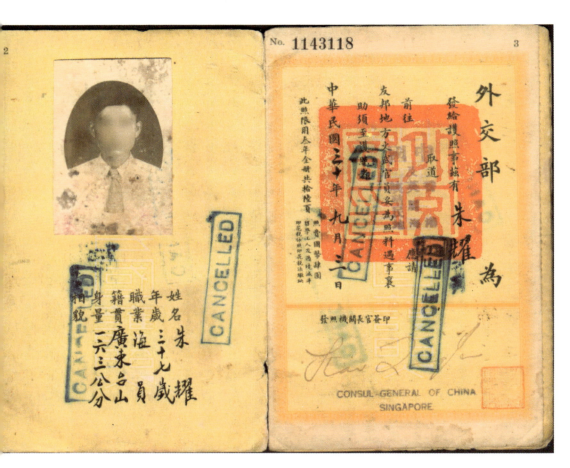

图3-86　1941年新加坡总领事馆发给朱耀的护照内页之一

第三章 民国时期的中国护照

图3-87　1941年新加坡总领事馆发给朱耀的护照内页之二

4. 1948年新加坡总领事馆发给萧天良的护照

1948年5月3日外交部新加坡总领事馆发给萧天良的护照，持照人照片为四寸半身像，上盖有新加坡总领事馆钢印。发照机关长官签印处盖有时任新加坡总领事伍伯胜的中英文签名印章。伍伯胜（1903—？），广东台山人，美国芝加哥大学博士，回国先后任外交部秘书、广州市政府参事、广州市立中山图书馆干事，1936年任外交部驻沪办事处主任，1946年任驻新加坡总领事（见图3-88）。

图3-88 时任新加坡总领事伍伯胜

该护照第4页正中印"贴印花及收据票处"字样，其左侧盖有"奉　暂收　坡币拾壹元捌角叁分"的红色字样，其下则盖有新加坡总领事馆五十元和五元的收费印章各一。

由于民国政府对护照的发行等事项已建立完善体系并深入了解，因此该版护照许多备填项目发照部门都印制了相应的填写印章，无须再手工填写，盖章即可（见图3-89、3-90、3-91）。

图3-89 1948年新加坡总领事馆发给萧天良的护照封面

第三章 民国时期的中国护照

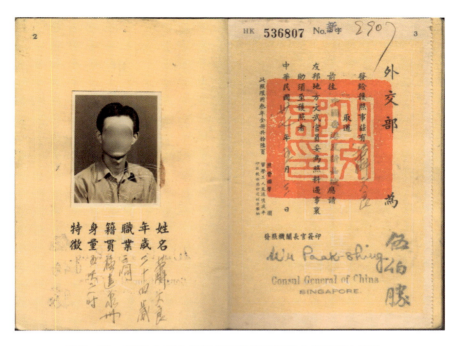

图 3-90　1948 年新加坡总领事馆发给萧天良的护照内页之一

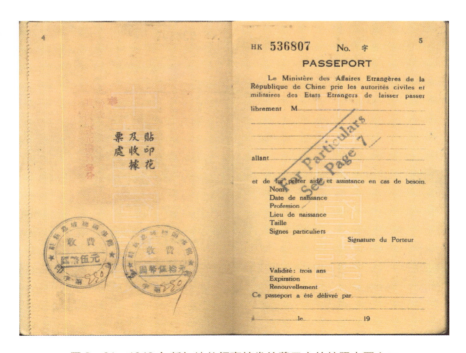

图 3-91　1948 年新加坡总领事馆发给萧天良的护照内页之二

5. 1948年新加坡总领事馆发给谢树权的护照

该护照系谢树权在新加坡总领事馆申领的前往中国、中国香港及星洲的护照，与萧天良护照基本相同（见图3-92）。

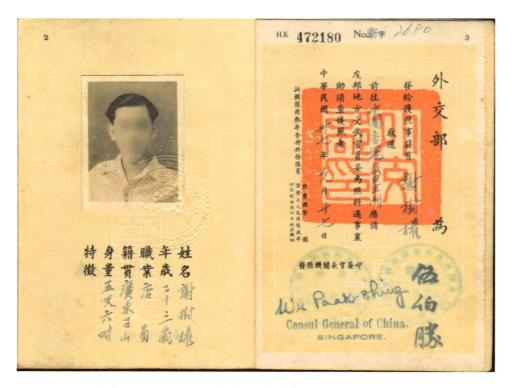

图3-92　1948年新加坡总领事馆发给谢树权的护照内页

（三）马来西亚槟榔屿

中国在槟榔屿（见图3-93、3-94、3-95）设立领事馆始于1890年，首任领事为张振勋。槟榔屿领事馆管辖区域除槟榔屿外，还有雪兰莪、霹雳、吉打、玻璃市、天定州等地，均属于"海门属部"，因此，护照中刊印"槟榔屿兼辖海门等处总领事"。而中国在新加坡的总领事馆，其管辖范围也包含槟榔屿领事馆所辖之海门各地，且对槟榔屿领事馆有监督和指挥的权力，因此我们在吕炳炎等在新加坡总领事馆申领的护照看到刊印的是"新加坡兼辖海门等处总领事"。

图3-93 槟榔屿华侨建设的极乐寺

图3-94 槟榔屿的华侨住房

图3-95 民国槟榔屿领事馆举行招待会的情景

1. 1928年槟榔屿兼辖海门等处领事馆发给谢锡裕的护照

1928年2月23日，谢锡裕因要在槟榔屿经中国香港回国后再回槟城，在民国驻槟榔屿领事馆申领护照。该护照长38.7厘米，宽22厘米，护照中文版面纪年处盖有"中华民国驻槟榔屿领事馆"字样的方印，骑缝线上护照编号不可辨识。护照外文版面可见护照编号为36825，护照有效期为一年，照片粘贴在左上角位置，照片及领事馆签印处盖有"中华民国驻槟榔屿领事馆"印章（见图3-97、3-98）。时任驻槟榔屿领事是戴培元（见图3-96）。

图3-96 时任驻槟榔屿领事戴培元

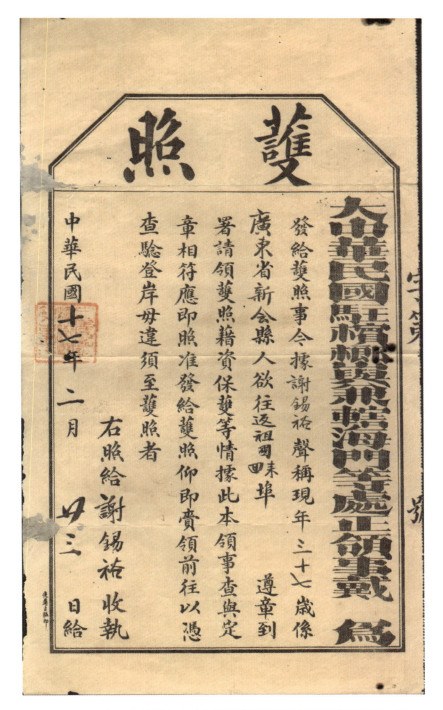

图3-97　1928年槟榔屿兼辖海门等处领事馆发给谢锡裕的护照正面

图3-98　1928年槟榔屿兼辖海门等处领事馆发给谢锡裕的护照背面

2. 1931年槟榔屿领事馆发给梁添的护照

1931年12月10日外交部槟榔屿领事馆发给梁添的护照,持照人照片为四寸半身像,上盖有中华民国驻槟榔屿领事馆的印章,左下角呈上下形贴两张面值"一元"的中华民国印花税票。护照正文处盖有"中华民国驻槟榔屿领事馆"印章,发照机关长官签印处盖"中华民国驻槟榔屿领事"的方形印章,长官签印为时任槟榔屿领事谢湘的英文签名。因该护照系在马来西亚的槟榔屿发放,该国除使用马来语外,还主要使用英语,故外文部分填写英文(见图3-99、3-100)。

谢湘(1893—?),广东东莞人,曾留学德国,1916年考入外交部,先后任日本横滨总领事馆主事、菲律宾随习领事、菲律宾副领事,1931年被任命为驻槟榔屿领事,1933年被免职,晚年定居香港。

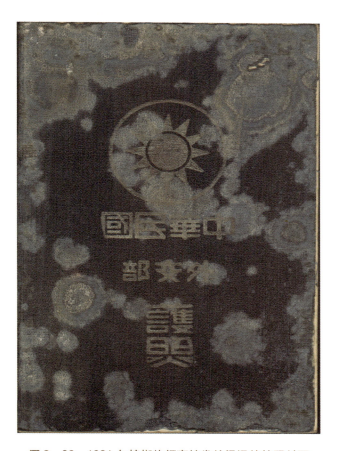

图3-99 1931年槟榔屿领事馆发给梁添的护照封面

图3-100　1931年槟榔屿领事馆发给梁添的护照内页

（四）其他地区

1. 1922年中华民国外交部特派广东交涉员署发给张树的护照

1922年12月13日，顺德人张树因要从广东前往英属孟买（见图3-101）的伙记号，在中华民国外交部特派广东交涉员署申领护照。该护照长38.5厘米，宽23厘米，护照中文版面纪年处及右侧易裁线上盖有"中华民国特派广东交涉员署"印，护照编号为第105号。持照人照片上盖有"中华民国特派广东交涉员署"钢印，顶部贴有两张面值一元的中华民国印花税票，分别盖

图3-101　在印度的华商在阅读中文版《印度日报》

第三章　民国时期的中国护照

有"中华民国特派广东交涉员署"印（见图3-102）。该护照英文版面没有题头（见图3-103）。时任外交部特派广东交涉员署的特派交涉员是刘玉麟。民国成立后，刘玉麟任第一任驻英公使，1914年回国，1922年任粤海关监督兼广东交涉员署特派交涉员。

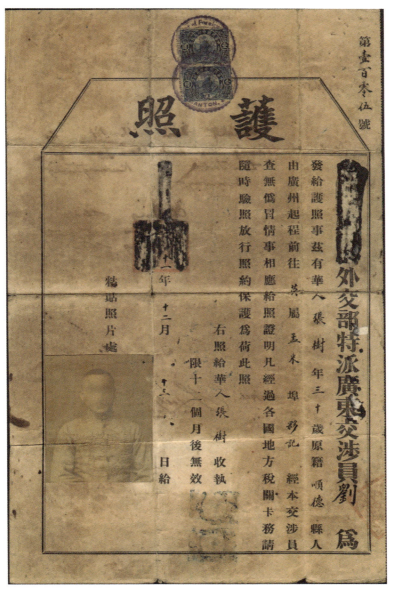

图3-102　1922年中华民国外交部特派广东交涉员署发给张树的护照正面

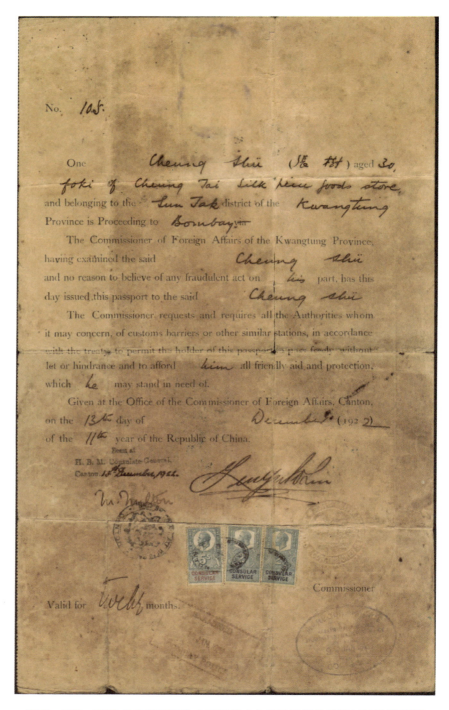

图 3-103　1922 年中华民国外交部特派广东交涉员署发给张树的护照背面

2. 1931年棉兰领事馆发给刘兴桂的护照

该护照是台山人刘兴桂于1931年5月25日在中国驻棉兰领事馆申领的取道槟城、新加坡、中国香港前往广州的护照（见图3-104）。其对护照期限以及照费数额的更改方式与张成滚护照相同。持照人照片已被破坏，贴印花处未见印花税票张贴痕迹，但盖有棉兰（见图3-105、3-106）领事馆的圆形印章，以证明其已经缴纳印花税。发照机关长官签印处的时任棉兰领事申作霖的英文签字是印章盖印上去的。申作霖（1889—?），字凤章，江苏吴县人，早年留学俄国，1930年任荷属棉兰领事（见图3-107）。

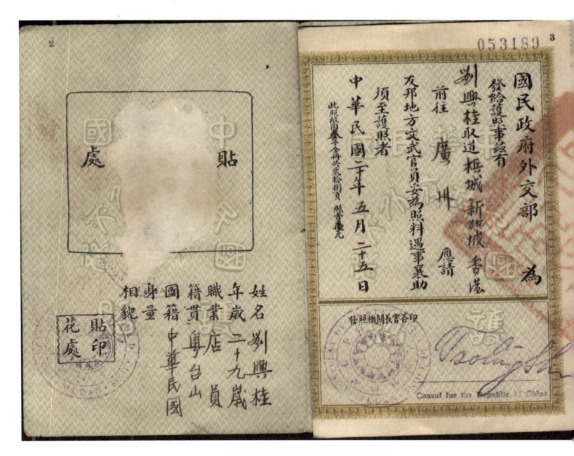

图3-104　1931年棉兰领事馆发给刘兴桂的护照

图 3-105　在棉兰的华侨

图 3-106　棉兰市区的中文招牌

图 3-107　驻棉兰领事申作霖在海参崴结婚时的存照

3. 1946 年中华民国驻望加锡领事馆发给梁文的回国临时证明

该证明为单面印刷单纸形式,尺寸为长 34.9 厘米,宽 23.8 厘米。该证明单面印刷,分上下两部分,上部分为中文版面,下部分为英文版面。中文版面竖排印刷,手书填写空白项,正文纪年处盖有"中华民国驻望加锡领事馆印"方形印章,领事签章处盖有"中华民国驻望加锡领事"方形印章。英文版面横排印刷,内容与中文版基本相同,底部贴有持照人照片,照片上盖有"中华民国驻望加锡领事馆"圆形印章(见图 3-108)。时任望加锡领事为王德叶(见图 3-109)。

由于望加锡领事馆"尚无护照合行发给临时证明书一纸",因此证明书所发挥的作用就是暂时替代护照,且为免费发放。

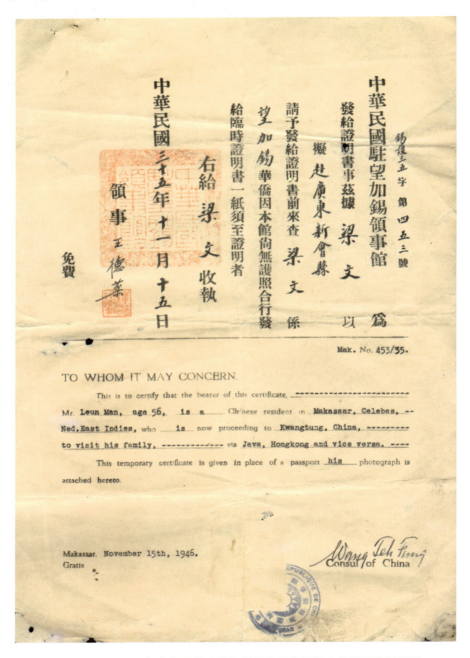

图3-108　1946年中华民国驻望加锡领事馆发给梁文的回国临时证明

望加锡坐落于印度尼西亚苏拉威西岛的西南部,濒临望加锡海峡,是华侨在印尼的主要聚居地之一,当地华侨主要来自福建和广东地区。"二战"胜利后,印度尼西亚人民进行了反抗荷兰殖民者的独立战争,梁文申领护照时印度尼西亚正处于战争时期,国民政府望加锡领事馆未能正常发给护照,故印制临时证明书,以备华侨使用。

图 3-109　时任望加锡领事王德叶

4. 1948 年中华民国驻西贡总领事馆发给周光的临时护照

该临时护照是 1948 年 10 月 15 日,开平籍华侨周光取道中国香港回国,在中华民国驻西贡总领事馆申领的护照。该护照长 35.7 厘米,宽 21 厘米,分为上下两部分,上半部分是中文,下半部分是外文。

护照的中文部分顶部标注两行字"临时护照"和"中华民国驻西贡总领事馆",下为竖排中文字体,手填空白项,签证官的署名为副领事代替签名,盖紫色的签名印章。护照的外文部分位于护照的下半部分,为横排英文字体。持照人方形半身照片粘贴于护照的左下方位置,盖"中华民国驻西贡总领事馆"钢印,护照的英文部分共盖有两处"中华民国驻西贡总领事馆"印章(见图 3-110)。

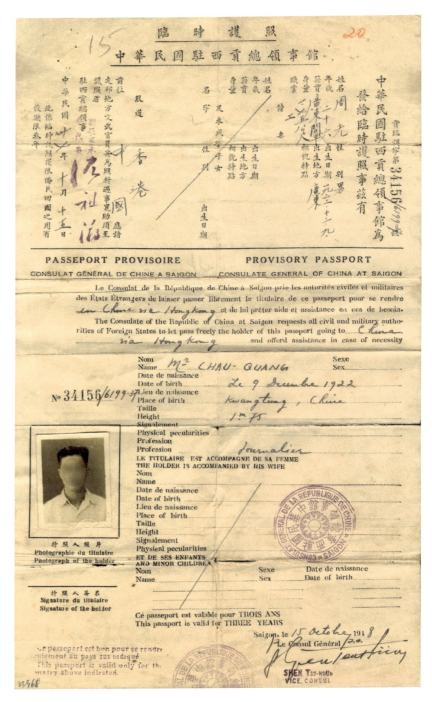

图 3-110　1948 年中华民国驻西贡总领事馆发给周光的临时护照

5. 1949 年中华民国驻西贡总领事馆发给陈铎一家的临时护照

该临时护照是 1949 年 5 月 25 日，新会籍华侨陈铎携妻子、子女取道中国香港往中国及越南，在中华民国驻西贡总领事馆申领的护照。该护照长 32.2 厘米，宽 23 厘米，为单面印刷单纸护照，分为上下两部分，上半部分是中文，下半部分是外文（见图 3-111）。

图 3-111　1949 年中华民国驻西贡总领事馆发给陈铎一家的临时护照

三、拉丁美洲华侨护照

1. 1931年墨西哥公使馆发给甄洪润的护照

1931年8月25日外交部墨西哥公使馆发给甄洪润的护照（见图3－112、3－113），照片为三寸半身像，上盖有墨西哥公使馆（见图3－114、3－115）的钢印，该页右上角盖有"照费改收二元"浅紫色戳印，左下角呈上下形贴两张面值"一元"的国民政府印花税票，且盖有墨西哥公使馆的印章。发照机关长官签印处均盖"中华民国驻墨西哥国公使"的方形印章，长官签印为时任墨西哥公使熊崇志的西班牙文签名。

图3－112　1931年墨西哥公使馆发给甄洪润的护照封面

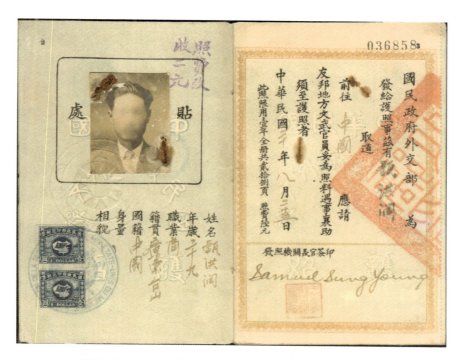

图 3-113　1931 年墨西哥公使馆发给甄洪润的护照内页

图 3-114　民国时期国民党驻墨西哥菜苑分部

图 3-115　墨西哥公使馆在国庆日接待华侨合影

华侨移居墨西哥始于1565年，当时主要是一些华侨海员。19世纪末，一批开发美国西部的华工转进墨西哥。1899年中墨政府签订《海上通航友好协定》，该《协定》规定中墨两国公民可自由出入对方国家并自由就业。1902年，中墨正式通航后，中国人成批进入墨西哥从事商业和农业生产。早期抵墨的华侨多为广东籍。早期到墨西哥的华侨华人，多为华工，后来逐渐转向商业和服务性行业（见图3-116、3-117）。

图 3-116　墨西哥华侨的棉花园

第三章 民国时期的中国护照

图 3-117 墨西哥成立百年纪念时华侨捐建的钟楼

2. 1941年巴拿马总领事馆发给朱盛的护照

该护照是1941年4月8日台山籍商人朱盛在巴拿马总领事馆申领的取道太平洋海岸前往中国的护照,与朱耀申领的护照基本一致。发照机关长官签印处为时任巴拿马总领事应尚德(见图3-118)的英文签名(见图3-119)。应尚德(1887—?),浙江人,曾留学美国,历任外交部秘书、外交部总务司司长。1939年任驻巴拿马总领事,后加公使衔,1948年去职。

图3-118 时任巴拿马总领事应尚德

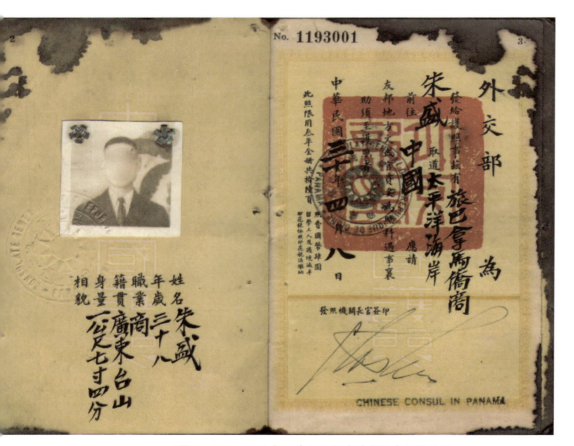

图3-119 1941年巴拿马总领事馆发给朱盛的护照

华侨移入巴拿马始于19世纪中叶，华工参与了巴拿马铁路和巴拿马运河的修建，为当地乃至世界经济发展做出了重要贡献（见图3-120）。从中国前往巴拿马的航线主要是沿太平洋，因此朱盛的护照说明取道"太平洋海岸"。

图3-120 巴拿马博览会之中国馆正面

3. 1927年中华民国国民政府外交部部长发给谭昌的护照

1927年7月8日，广东台山商人谭昌由广州起程前往委内瑞拉属马拉开波湖埠经商，向中华民国国民政府外交部申领护照。该护照长44.5厘米，宽24.5厘米，双面印刷，正面为竖排中文，正文周边印刷外粗内细双黑色边框，边框中间顶部为梯形，内书"护照"两个大字。在护照的右上角有护照编号。顶部梯形边框内，"护照"两字中间贴有两枚"一元"的国民政府印花税票，并在税票上加盖紫色圆形印章。在护照的发放时间处盖有正方形的红色印章，内容为"外交部印"。护照正面的左下角处贴有申领人谭昌的照片，并盖有"中华民国国民政府外交部"钢印。

护照背面为横排英文，正文左上方为护照编号，除第一处名字为手写部分外，其他均为印制，内容与中文部分基本一致，即中华民国国民政府外交部请求各国当局给予谭昌往马拉开波湖埠经商方便,不要阻挠并给予必要协助等。最后是外交部部长伍朝枢的英文签名(见图3–121、3–122)。

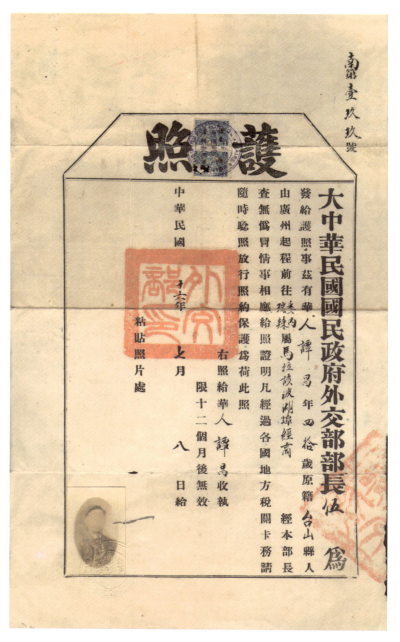

图3–121　1927年中华民国国民政府外交部部长发给谭昌的护照正面

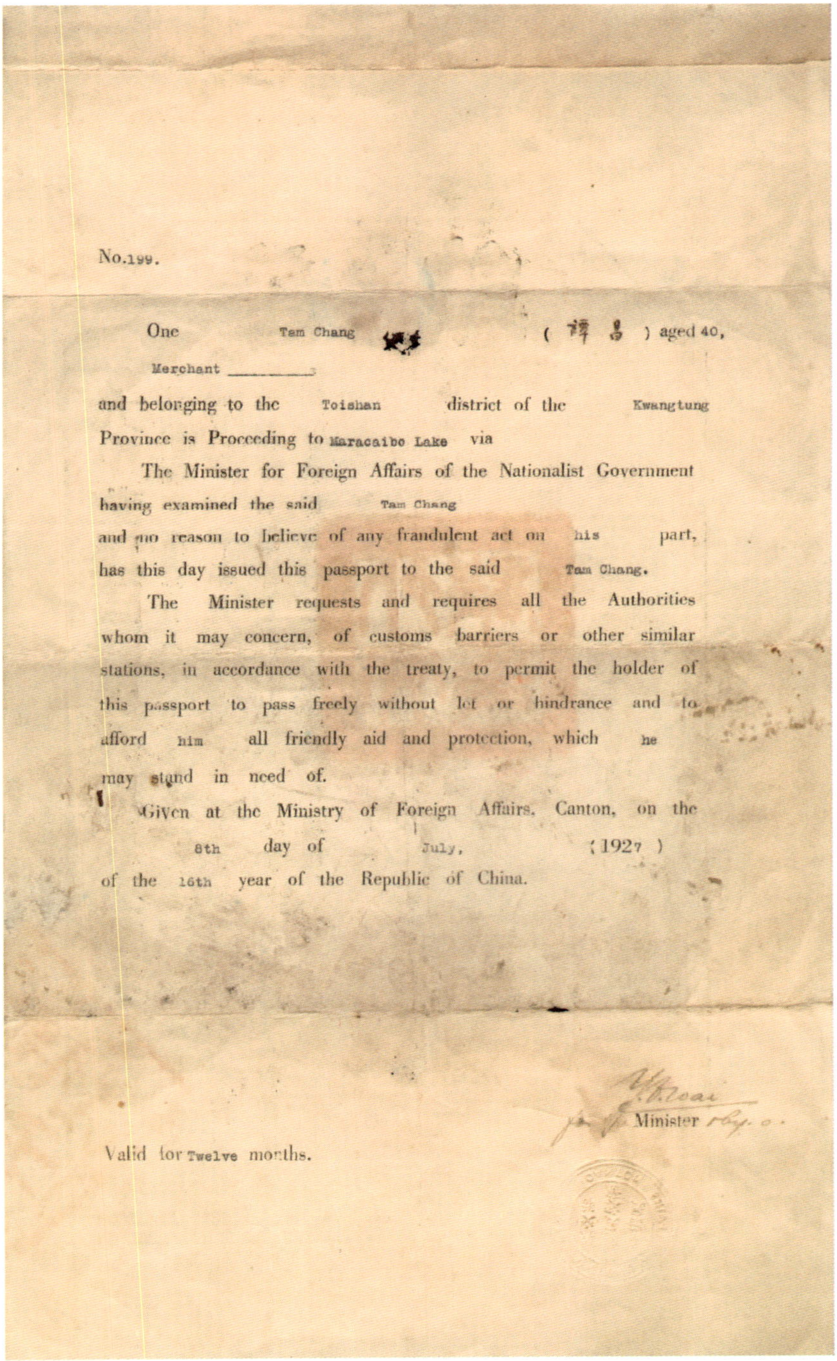

第三章　民国时期的中国护照

No. 199.

One　　Tam Chang　　（譚昌）aged 40,
Merchant
and belonging to the　Toishan　district of the　Kwangtung
Province is Proceeding to Maracaibo Lake via
　　The Minister for Foreign Affairs of the Nationalist Government
having examined the said　　Tam Chang
and no reason to believe of any fraudulent act on　his　part,
has this day issued this passport to the said　Tam Chang.
　　The Minister requests and requires all the Authorities
whom it may concern, of customs barriers or other similar
stations, in accordance with the treaty, to permit the holder of
this passport to pass freely without let or hindrance and to
afford him　all friendly aid and protection, which　he
may stand in need of.
　　Given at the Ministry of Foreign Affairs, Canton, on the
　　8th　day of　　July,　　(1927)
of the 16th year of the Republic of China.

Minister

Valid for Twelve months.

图 3－122　1927 年中华民国国民政府外交部部长发给谭昌的护照背面

157

伍朝枢（1883—1934），字梯云，伍廷芳之子，广东新会人，生于天津，获英国伦敦大学法学学士学位，后在林肯法律研究院深造，获大律师资格（见图3-123、3-124）。

图3-123　童年伍朝枢与父亲伍廷芳和母亲的合影

图3-124　伍朝枢与夫人的合影

1912年年初归国，历任湖北军政府外交司司长、北京政府外交部条约委员会会长、众议院议员、国务院参议兼外交部参事。1917年，伍朝枢随父亲伍廷芳南下广州参加孙中山组织的护法军政府，被任命为外交部次长，后代表广州军政府参加中国政府代表团赴巴黎和会，拒绝签署屈辱和约。

1923年，伍朝枢任广东军政府外交部部长，后被推举为中央党部农商部部长、中央执行委员会政治会议委员兼秘书长。1925年任广州国民政府委员、司法委员会主席兼广州市政委员会委员长。1927年任南京国民政府外交部部长。翌年春，任驻美全权代表，后被任命为驻美公使（见图3-125）。1931年5月8日，美国密苏里大学授予伍朝枢法学博士学位。后辞驻美公使职回到广东，就任广东国民政府委员、最高法院院长、省政府主席，并作为粤方代表之一参加宁粤上海"和平统一"会议。"宁粤合流"（见图3-126）后，任南京国民政府司法院院长。1932年年初，辞广东省政府主席职，任西南政务委员会委员、琼崖特区行政长官，8月辞去两职。1933年任立法院宪法起草委员会顾问。1934年1月2日在香港病逝。

该护照是伍朝枢任国民政府外交部部长两个月左右后签发的出国护照。随后，越来越多的华人出国经商。

图3-125　伍朝枢任驻美公使时在美国大学演讲后的留影

图3-126　1931年伍朝枢（右）促成"宁粤合流"时，与蒋介石、王宠惠、胡汉民的合影

图 3-127　委内瑞拉马拉开波湖是重要的石油产区

委内瑞拉华侨最早于19世纪30年代由特立尼达、巴拿马等地移入，人数极少且多为恩平人。1916年委内瑞拉石油（见图3-127、3-128）的开采带来了经济繁荣，逐渐有更多的华侨移入，华侨的生计也从最初的手工洗衣发展到经营洗衣店、小餐馆、杂货店等小生意。

图 3-128　民国时期在马拉开波湖发生事故的石油开采平台

四、非洲华侨护照

1. 1938年广东省会警察局发给霍关氏的护照

1938年4月15日广东省会警察局发给霍关氏前往法属布汪（留尼汪）寻夫的护照（见图3-129、3-130），持照人照片为四寸半身像，上盖有"广东省会警察局"的印章和钢印，左下角呈上下形贴两张面值"一元"的国民政府印花税票，且盖有"广东省会警察局印花图章"印章。发照机关长官签印处盖有广东省会警察局长官的个人印章及英文签名。

留尼汪是位于非洲大陆东南方印度洋中的一个小岛，1848年正式定名留尼汪岛，为法国的殖民地。19世纪留尼汪殖民政府开始从东南亚和中国招募契约华工（见图3-131），除华工外，早年赴留尼汪的华侨大多是小商小贩，从事杂货等零售业。华侨华人是留尼汪商业的主要力量，华营商店遍布全岛。虽然留尼汪华侨华人人口比例不大，但掌握着全岛50%的经济命脉。

图3-129　1938年广东省会警察局发给霍关氏的护照封面

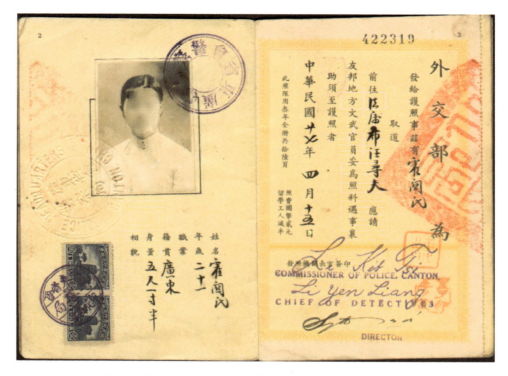

图 3－130　1938 年广东省会警察局发给霍关氏的护照内页

图 3－131　民国时期前往留尼汪的华工

2. 1937年广东省会警察局发给梁汝隆的护照

该护照是梁汝隆1937年4月2日在广东省会警察局申领的前往法属马达加斯加（见图3-132）的护照，与霍关氏的护照基本相同（见图3-133）。

马达加斯加位于非洲东南部的印度洋，19世纪末沦为法国殖民地，并开始招募华工前往该岛。早期的华侨华人主要来自顺德、南海、佛山和番禺等地，其次是来自福建。华侨华人的商业和工业在马达加斯加的经济方面起着重要作用，华人经济约占该国经济的50%。

图3-132 民国时期马达加斯加的海港

图3-133 1937年广东省会警察局发给梁汝隆的护照

3. 1948年塔那那利佛领事馆发给霍关氏及其子女的护照

该护照是1948年10月27日霍关氏及其子女在驻塔那那利佛领事馆申领的回国并返回留尼汪的护照。如前文所述,霍关氏1938年在广东省会警察局申领护照前往留尼汪寻夫。之后十年间,她与丈夫在留尼汪生活,养育了六名子女,该护照是她携带子女回国并再返回留尼汪而申领的护照,护照上贴有霍关氏及其子女的合照(见图3-134)。

图3-134 1948年塔那那利佛领事馆发给霍关氏及其子女的护照

该护照是在驻马达加斯加的塔那那利佛领事馆申领。该领事馆于1946年设立,管辖留尼汪的领事事务。首任领事谷兆芬,浙江人,留法博士,1949年12月率全馆起义,回归祖国。

五、其他地域华侨护照

1. 1928 年伦敦总领事馆发给余礼的护照

1928 年 9 月 20 日外交部伦敦总领事馆发给余礼的回国护照（见图 3 – 135、3 – 136、3 – 137），持照人照片为四寸正面半身像，上盖有伦敦总领事馆的钢印，左下角呈"L"形贴有四张面值"伍角"的中华民国印花税票，且盖有伦敦总领事馆的印章。正文部分和发照机关长官签印处均盖有伦敦总领事馆的印章，长官签印为时任驻伦敦总领事关菁麟（见图 3 – 138，3 – 139）的英文签名。关菁麟（1882—?），广东南海人，字颂华，1926 年始任北洋政府驻伦敦总领事。

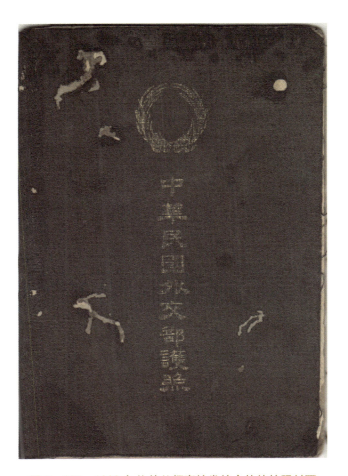

图 3 – 135　1928 年伦敦总领事馆发给余礼的护照封面

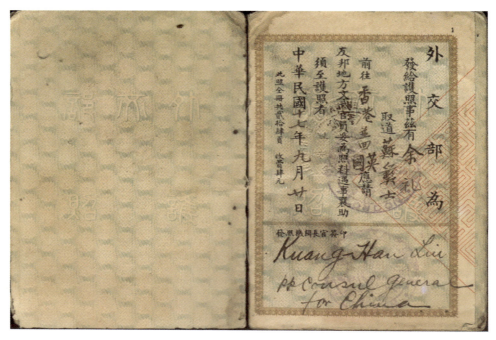

图 3-136　1928 年伦敦总领事馆发给余礼的护照内页之一

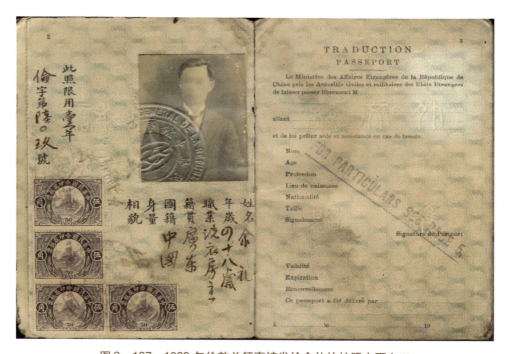

图 3-137　1928 年伦敦总领事馆发给余礼的护照内页之二

图 3-138　时任驻伦敦总领事关菁麟

图 3-139　关菁麟和家人的合影

2. 1935年广东省会公安局发给谭宗为的护照

该护照是1935年7月19日谭宗为在广东省会公安局申领的前往日本东京游历的护照（见图3-140），他是以学生身份前往日本留学。

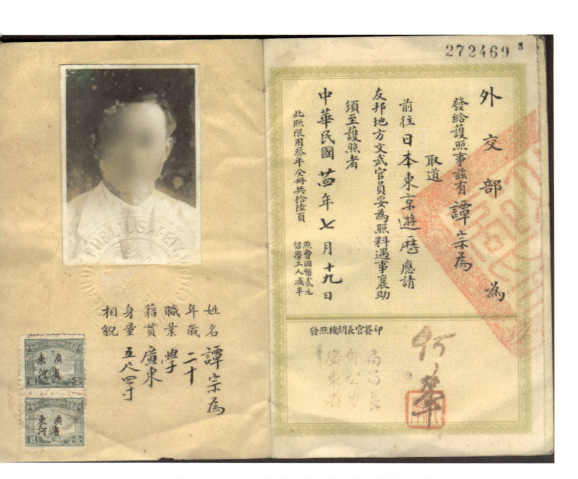

图3-140　1935年广东省会公安局发给谭宗为的护照

广东省会公安局即梁汝隆、霍关氏护照中的广东省会警察局。1930年广州市公安局改为广东省会公安局，1937年又奉南京政府命令改为广东省会警察局（见图3-141，3-142）。

图3-141　广东省会警察局朝会的情景

图3-142　广东省会警察局的女警

3. 1949年中华民国外交部驻广东、广西特派员公署＊香港办事处发给苏绍雄的临时护照

该护照是1949年6月11日华侨苏绍雄取道澳大利亚前往大溪地，在中华民国外交部驻广东、广西特派员公署＊香港办事处领取的临时护照（见图3-143至3-146）。该护照长35.7厘米，宽21厘米。单面印刷单纸护照，分为上下两部分，上半部分是中文，下半部分是外文。

护照的中文部分顶部标注"中华民国临时护照"，竖排中文字体，手填空白项，纪年处盖有"中华民国外交部驻广东、广西特派员公署＊香港办事处"印章。护照的外文部分位于护照的下半部分，横排英文字体。持照人方形半身照片粘贴于护照的左下方位置，盖"中华民国外交部驻广东、广西特派员公署＊香港办事处"钢印。中英文交界处盖有"中华民国外交部驻广东、广西特派员公署＊香港办事处"印章。该护照顶部还可见一条黑色虚线，据此推断该现存护照仅为该临时护照的正照联，其上部应还有存根联，具体几联不详。

图 3-143　1949 年外交部发给苏绍雄的临时护照

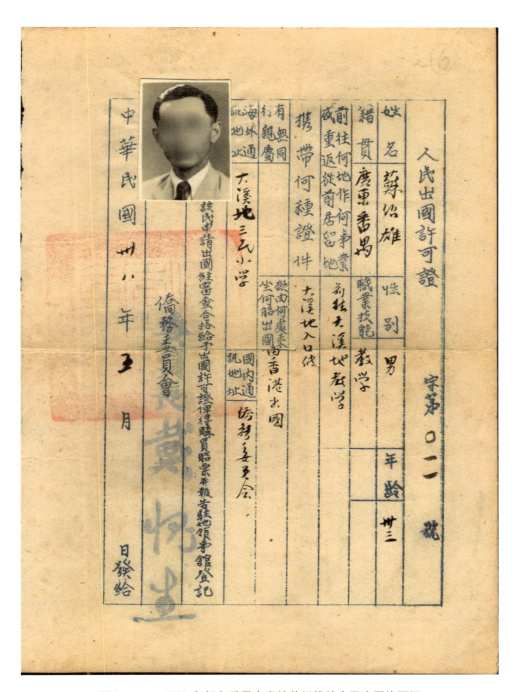

图3-144　1949年侨务委员会发给苏绍雄的人民出国许可证

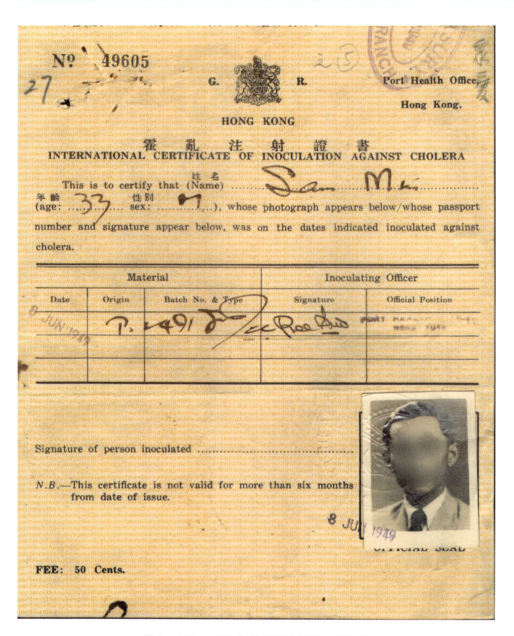

图 3-145　1949 年苏绍雄的霍乱注射证书

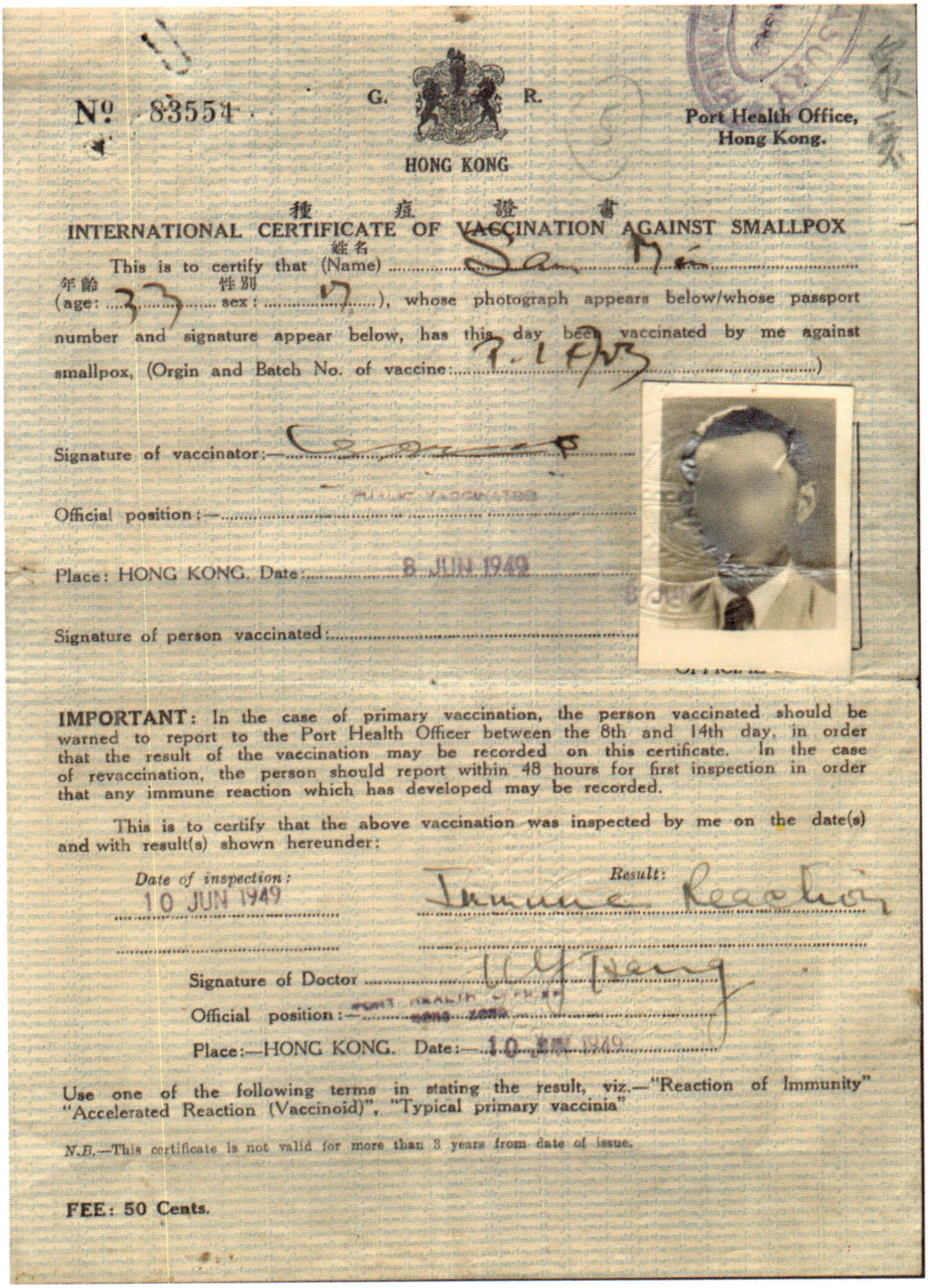

№ 83554

G. R.

HONG KONG

Port Health Office, Hong Kong

種痘證書
INTERNATIONAL CERTIFICATE OF VACCINATION AGAINST SMALLPOX

姓名
This is to certify that (Name) .... Sam Min ....
年齡   性別
(age: 33 , sex: M), whose photograph appears below/whose passport number and signature appear below, has this day been vaccinated by me against smallpox, (Orgin and Batch No. of vaccine: ....)

Signature of vaccinator: ....

Official position: ....

Place: HONG KONG. Date: 8 JUN 1949

Signature of person vaccinated: ....

IMPORTANT: In the case of primary vaccination, the person vaccinated should be warned to report to the Port Health Officer between the 8th and 14th day, in order that the result of the vaccination may be recorded on this certificate. In the case of revaccination, the person should report within 48 hours for first inspection in order that any immune reaction which has developed may be recorded.

This is to certify that the above vaccination was inspected by me on the date(s) and with result(s) shown hereunder:

Date of inspection: 10 JUN 1949   Result: Immune Reaction

Signature of Doctor: ....

Official position: PORT HEALTH OFFICER, HONG KONG

Place: HONG KONG. Date: 10 JUN 1949

Use one of the following terms in stating the result, viz.—"Reaction of Immunity", "Accelerated Reaction (Vaccinoid)", "Typical primary vaccinia".

N.B.—This certificate is not valid for more than 3 years from date of issue.

FEE: 50 Cents.

图 3-146　1949 年苏绍雄的种痘证书

第四章　新中国护照

第一节　新中国护照制度概述

共产党领导的人民政权早在抗日战争时期就开始了护照的颁发工作，新中国成立前夕，在率先解放的大城市哈尔滨就已经颁发护照了，北京、上海、广东等省市解放后，也印发过护照，但当时这种由地方自行印发的护照，显然无法保证护照的权威性，也无法受到世界认可。

图4-1　中华人民共和国第一版外交护照

中华人民共和国成立后，外交部就设有护照的专职管理科室，但是由于政权刚刚建立，外交事宜更是千头万绪，加之当时新中国所面临的复杂严峻的国际环境，外交部尚无暇顾及颁发护照这类具体事务，出国人员还是持着各地方政府所颁发的护照，这给当时出国旅行和公务活动带来了诸多麻烦。针对上述情况，外交部向周总理做了专门汇报。1950年3月，周总理批示外交部向全国通告：以往各地人民政府制发之出国护照，应自收到本通告之日起，停止颁发。关于护照格式、颁发出国护照办法、指定国内发照机关等项，由本部另行拟订，呈请政务院品批准后实行。①随即，外交部设计了新中国第一批护照，并开始颁发（见图4-1、4-2、

---

① 范振水：《中国护照》，世界知识出版社2003年版，第244—245页。

4-3)。新中国统一了全国的护照,开始建立科学的护照管理制度。1950年版的普通护照最初只是发给国外华侨,因此,同年5月25日,外交部发布了《在国外侨民换领护照办法》,成为新中国第一个专门的护照法规。在中国尚没有一部正式的护照法规的情况下,外交部制定了护照规则,并刊印在1951年设计的新的中华人民共和国护照上。

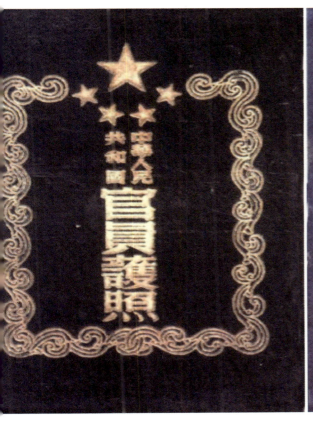 

图4-2　中华人民共和国第一版官员护照　　图4-3　中华人民共和国第一版普通护照

1952年4月,中国外交部出台了《护照管理暂行办法》,规定了护照的设计印刷、保管和支用、缴销及检查、焚毁等内容。该《办法》主要规定了护照的生产及管理工作,并未涉及护照的颁发及制度事宜。

同时,国内的进出境管理的相关规定如《出入国境治安检查暂行条例》《华侨出入国境暂行办法》(见图4-4)等,对护照的管理均有相关条款的规定。

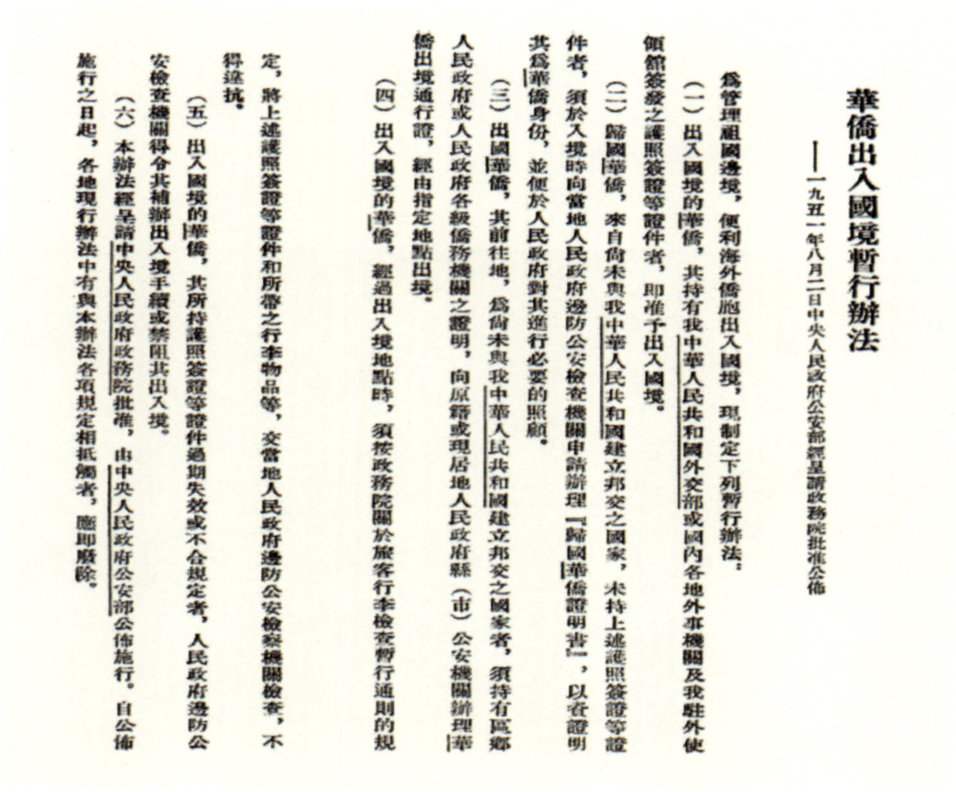

華僑出入國境暫行辦法

——一九五一年八月二日中央人民政府公安部經呈請政務院批准公佈

爲管理祖國邊境，便利海外僑胞出入國境，現制定下列暫行辦法：

（一）出入國境的華僑，其持有我中華人民共和國外交部或國內各地外事機關及我駐外使領館簽發之護照簽證等證件者，即准予出入國境。

（二）歸國華僑，來自尚未與我中華人民共和國建立邦交之國家，未持上述護照簽證等證件者，須於入境時向當地人民政府邊防公安檢查機關申請辦理『歸國華僑證明書』，以資證明其爲華僑身份，並便於人民政府對其進行必要的照顧。

（三）出國華僑，其前往地，爲尚未與我中華人民共和國建立邦交之國家者，須持有區鄉人民政府或人民政府各級僑務機關之證明，向原籍或現居地人民政府縣（市）公安機關辦理華僑出境通行證，經由指定地點出境。

（四）出入國境的華僑，經過出入境地點時，須按政務院關於旅客行李檢查暫行通則的規定，將上述護照簽證等證件和所帶之行李物品等，交當地人民政府邊防公安檢察機關檢查，不得違抗。

（五）出入國境的華僑，其所持護照簽證等證件過期失效或不合規定者，人民政府邊防公安檢查機關得令其補辦出入境手續或禁阻其出入境。

（六）本辦法經呈請中央人民政府政務院批准，由中央人民政府公安部公佈施行。自公佈施行之日起，各地現行辦法中有與本辦法各項規定相抵觸者，應即廢除。

图 4－4　1951 年公安部公布的《华侨出入国境暂行办法》

1980 年 5 月 30 日，国务院批准了我国第一部专门的护照条例——《中华人民共和国护照、签证条例》。这是我国第一部针对护照管理的法规，标志着新中国护照制度开始走向法制化。

2000 年，为加强护照的申请、审批、签发的管理工作，公安部出入境管理局编写、制定了《中华人民共和国普通护照审批、签发管理规范》。该《规范》设计了普通护照的申请、审批、签发的业务流程，明确了业务内容和范围，制定了护照办法工作的三级管理原则，使得护照的管理更加法制化、科学化。2004 年，公安部在总结 2000 年《规范》的基础上，结合数年来的工作实践，制定了《中华人民共和国普通护照受理、审批、签发管理工作规范》，进一步完善了护照受理、审批、签发的三级管理模式，责权明晰，提高了效率，实现了护照管理工作的规范化。

公安部颁发的两部规范文件，属于部门规章，法律效力有限，新中国迫切需要制定一部正式的法律来管理护照,以适应改革开放以来的新形势要求。2007年1月1日《中华人民共和国护照法》的正式实施,第一次在国家法律层面上对护照的管理做出规定,标志着我国的护照管理正式进入法制化时代。

此外,由于实施"一国两制"方针,中国内地的护照制度并不适合香港和澳门地区,因此,根据《中华人民共和国香港特别行政区基本法》和《中华人民共和国澳门特别行政区基本法》相关规定,授权香港、澳门特别行政区政府分别向在两地的永久身份的中国公民颁发"中华人民共和国香港特别行政区护照"(见图4-5)和"中华人民共和国澳门特别行政区护照"(见图4-6)。

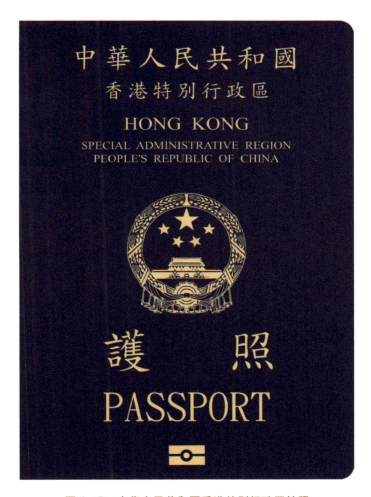

图4-5 中华人民共和国香港特别行政区护照

图4-6　中华人民共和国澳门特别行政区护照

第二节　新中国护照图赏

中华人民共和国成立后，为适应国际交往需要，从 1950 年印制第一批护照开始，无论种类还是内容格式上都经历了多次变革。有学者统计，中国先后印制了三十多个版本的护照，这些护照虽然形式不同，但都受到世界各国的承认，对中外交往起到了积极的作用。

关于新中国护照的发展，国内学者江云在其《中国护照制度史》中将其归纳为 13 个版本，分别是：单页版护照、1950 年版护照、1951 年版护照、1953 年版护照、1955 年版护照、1964 年版护照、1974 年版护照、1979 年版护照、1980 年版护照、1982 年版护照、1992 年版护照、1995 年版护照、1997 年版护照。

由于材料的限制，目前笔者仅见到 1951 年版和 1955 年版两版护照，现分别进行介绍。

一、1951 年版护照

1951 年版护照是新中国成立后广泛应用的第一版护照，当时中华人民共和国刚刚成立，致力于建立新型的外交关系，首先同 11 个社会主义国家、4 个民族独立国家以及 5 个欧洲国家建立外交关系，形成了第一次建交高潮。1950 年 1 月 1 日，印度尼西亚宣布承认新中国，同年 4 月 13 日，新中国同印度尼西亚正式建交，新中国驻印度尼西亚首任大使为王任叔（见图 4-7）。随即两国就重新建立领事关系、开设领事机构进行了谈判。中国驻印度尼西亚使馆首先提出要派领事与特派员接收国民政府时期在印度尼西亚境内开设的雅加达总领事馆和泗水、棉兰、巨港、坤甸、望加锡、槟港、马辰等领事馆，但印度尼西亚政府以正在进行全境范围内的华侨登记为由，要求暂缓实行。中国驻印度尼西亚使馆继续与之谈判，并指出印度尼西亚政府的拖延行为不

图 4-7　中华人民共和国驻印度尼西亚首任大使王任叔

符合广大侨民的愿望。1951年3月，印度尼西亚政府终于同意中国开设驻雅加达总领事馆以及棉兰、马辰、望加锡领事馆，各馆4月1日正式开馆。① 印度尼西亚成为新中国在海外接收原领事机构并重新开设领事机构的第一个民族独立国家（见图4-8）。

图4-8　1959年印度尼西亚棉华中学的学生在中国驻棉兰领事馆与刘亚民领事合影

　　新中国与建交国家领事关系全面建立后，迫切地需要为旅居国外的华侨开展换、发照工作。1950年5月25日，外交部制定了《在国外侨民换领护照办法》，对华侨换领护照作了具体规定；同年11月2日，又向各使馆发出了《关于办理国外侨民统一换照工作的注意事项》；1951年4月，外交部又对该《注意事项》进行了补充，为了方便华侨申领新的护照，一般的侨民如无政治问题、国籍问题，其申领护照可由使领馆自行决定；1951年8月，中央人民政府公安部公布《华侨出入境暂行办法》，规定华侨出入国境需持有外交部或各外事机关以及驻外使领馆签发的护照签证等证件。因此，1951年版护照（见图4-9）在国内及国外华侨中开始大批申领和使用（见图4-10、4-11、4-12）。

---

① 《中国领事工作》编写组：《中国领事工作》（上册），世界知识出版社2014年版，第13—22页。

第四章　新中国护照

图 4-9　1951 年版护照封面

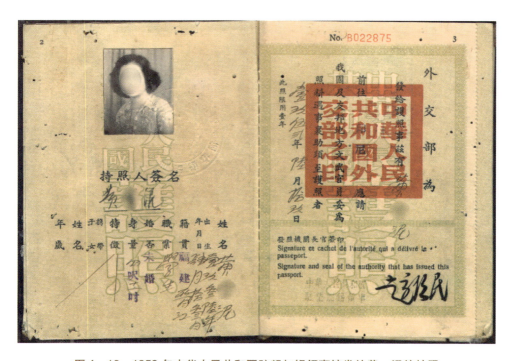

图 4-10　1952 年中华人民共和国驻望加锡领事馆发给黄×泥的护照

图 4-11　1953 年中华人民共和国驻雅加达总领事馆发给黄×霖的护照

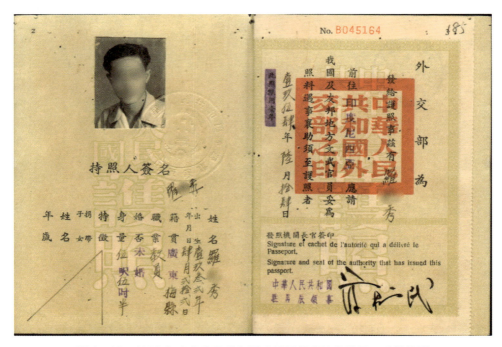

图 4-12　1954 年中华人民共和国驻马辰领事馆发给罗×秀的护照

1951年版护照为本式护照，共有32页。长度为10.4厘米，宽度为14.5厘米，双面印刷。封面为紫蓝色漆布（包边），印有"中华人民共和国护照"字样，繁体文字，竖排烫金。

二、1955年版护照

1955年版护照为本式（见图4-13、4-14），共有24页，双面印刷。尺寸为长10.3厘米，宽14.8厘米，封面为咖啡色漆布硬皮，包边，封面上方印国徽图案和"中华人民共和国"字样，文字环绕国徽的上半圆，封面下方横印"护照"二字。图案和文字均烫金，文字为繁体。

图4-13　1955年版护照封面

图4-14　1962年黄×添前往印度尼西亚的护照

第三节　新中国护照代用证件

所谓护照的代用证件是指具有护照的效力但名称不叫护照的证件。目前世界上大多数国家都颁发有护照的代用证件，中华人民共和国颁发的代替护照的证件，主要有"中华人民共和国归国证明书"（以下简称"归国证明书"，见图4-15、4-16）、"华侨出境通行证""中华人民共和国旅行证""中华人民共和国出入境通行证""中华人民共和国海员证"等多种证件。同时，由于我国特殊的国情，还产生了区域性的护照代替证件，主要有"内地居民往来香港特别行政区和澳门特别行政区通行证""港澳居民往来内地通行证""大陆居民往来台湾通行证""台湾居民来往大陆通行证"等。本节仅根据笔者所见相关证件进行介绍。

一、国际性护照代用证件

1. "中华人民共和国归国证明书"

1951年，中华人民共和国外交部正式通知启用"归国证明书"，要求凡我驻外使领馆对侨民回国，遇有不便使用护照者均可使用"归国证明书"遣送回国，此证明书一切请示汇报制度与护照相同。《通知》还规定，"归国证明书"的适用人员是单程回国人员和其他不便发给护照的人员，"归国证明书"只作为单程回国使用，同证内可以携带眷属，需粘贴合影一张，"归国证明书"工本费为护照费的三分之一，申领手续与护照相同[①]，这也就正式赋予了"归国证明书"与护照同等的效力。"归国证明书"在1990年之前停用。

"归国证明书"为单页纸质，对折式，尺寸规格为长28.5厘米，宽21.8厘米。"归国证明书"分为左右两个部分，分别为中文版、外文版内容。其中中文版正中印有红色国徽，其下为中华人民共和国驻××馆归国证明书，右侧为贴持证人照片处，再下为编号，其下印持证人姓名、出生年月日、籍贯、职业、携行者共×人，自×××经×××返回中国，有效期至×年×月×日止，并标注本证使用之期限不能变更或延长，再下为签署首长及使领馆签印处和发证日期，右侧为内容一致的法文。

---

① 唐军：《旅居海外华侨换发新中国护照始末》，《档案春秋》2011年第2期，第17—19页。

第四章 新中国护照

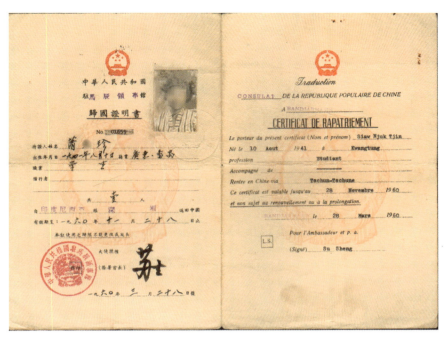

图4-15 1960年中华人民共和国驻马辰领事馆发给萧×珍的"归国证明书"

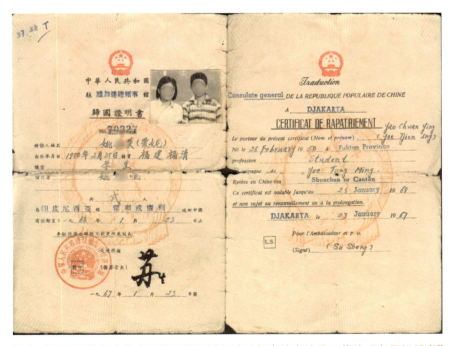

图4-16 1967年中华人民共和国驻雅加达总领事馆发给姚×英的"归国证明书"

2. "华侨出境通行证"

1951年《华侨出入国境暂行办法》规定，出国华侨前往尚未与中华人民共和国建立邦交的国家，应向原籍地或现居地人民政府公安机关办理"华侨出境通行证"（见图4-17），经由指定地点出境。"华侨出境通行证"于1958年停止使用。

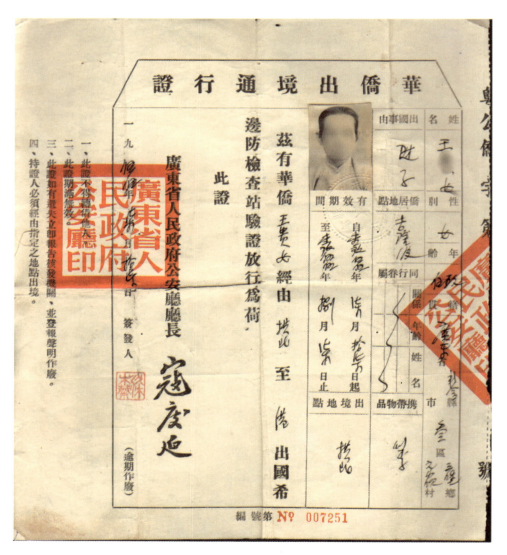

图4-17 1955年广东省人民政府公安厅发给王×女的"华侨出境通行证"

第四章 新中国护照

"华侨出境通行证"为单页纸质,共有两联,一联给持证人,一联为存根联。正联印为黑色边线表格,正中书"华侨出境通行证",其下为正文表格,右侧为出境人基本信息,包括出境人姓名、性别、年龄、籍贯、出国事由、侨居地点、同行眷属(关系、姓名、年龄)、携带物品、粘贴照片、有效期限、出境地点等;左侧印制"兹有华侨×××经由××至×××出国,希边防检查站验证放行为荷,此证,发证机关首长签印、发证时间、签发人"等。边框底部印有通行证编号。右侧印制有注意事项。正联右侧印易裁线、中文护照编号和骑缝印。存根联也是印制表格,其内容主要是正联出境人的基本信息栏和签发日期(见图4-18)。

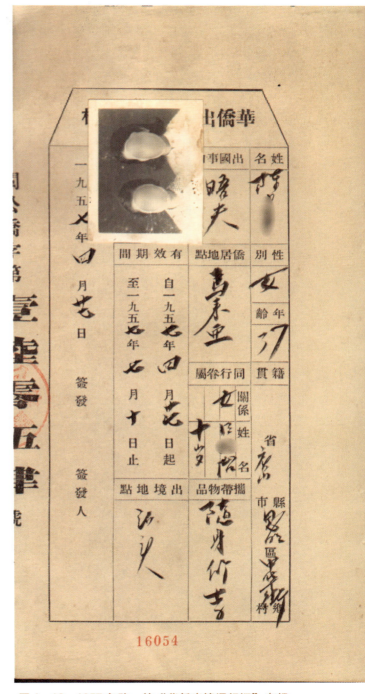

图4-18 1957年陈×的"华侨出境通行证"存根

3. "中华人民共和国公民出入国境通行证"

1972年,公安部将华侨及公民在未建交国家往来的证件统一规定为"中华人民共和国公民出入国境通行证"(见图4-19),也发给因国籍冲突不便发给护照的人员使用。通行证为单页纸质,对折式,其尺寸规格为长19.2厘米、宽14厘米。双面印刷,一面为封面和封底,一面为正文。封面中间印国徽,其上为中华人民共和国,其下为公民出入国境通行证,封底为边检站检验签章处及注意事项。正文面左侧为出境人的照片、姓名、性别、年龄、是否归侨或侨眷、籍贯、现住地址、出入境地点、经过地点、携行儿童(姓名、性别、年龄);右侧为有效期限、签发机关印章、签署人签名以及签发日期,还有备注栏。

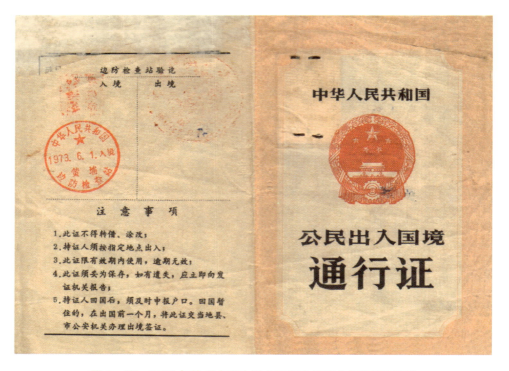

图4-19　1973年的"中华人民共和国公民出入国境通行证"

1983年、2003年,中华人民共和国启用了两版"中华人民共和国出入境通行证",但此时的通行证主要颁发给在毗邻国境地出入的中国公民,无须签证,主要是为了便于边境贸易。

4. 其他证照

"中华人民共和国外国人出入境证"（见图 4 - 20）和"中华人民共和国外国人旅行证"（见图 4 - 21），是发给向中国政府申请国际旅行证件的外国人，不影响持证人国籍。

图 4 - 20　1977 年颁发的"中华人民共和国外国人出入境证"

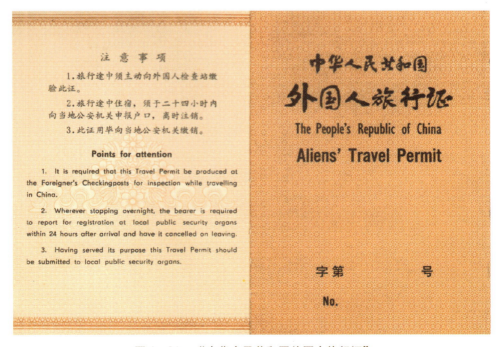

图 4 - 21　"中华人民共和国外国人旅行证"

"中华人民共和国旅行证"（见图4-22）是发给未持有中国护照的国外华侨和港澳台同胞申请回国但不便发给护照者，分为一年期和两年期，期满作废，不得延期。

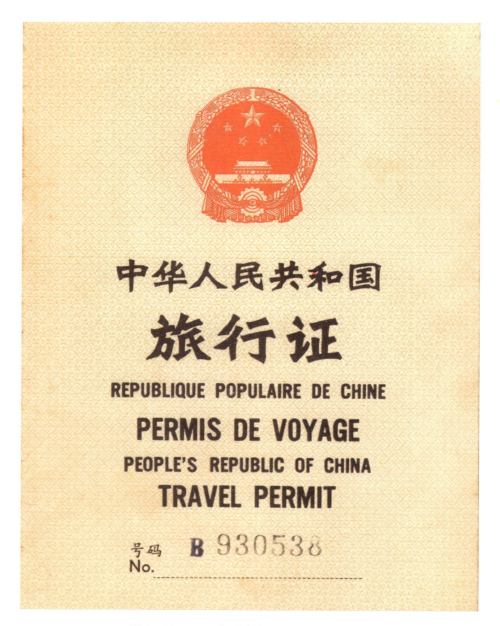

图4-22 1993年"中华人民共和国旅行证"

二、区域性护照代用证件

1. 来往港澳证件

来往港澳证件主要分内地香港居民来往港澳证件和内地居民来往港澳证件两类。

港澳居民在英葡管制时期仍与内地保持着密切联系，往返广东和内地人员频繁，形成了特殊的出入境特殊的管理制度和证照。1951年《关于往来香港、澳门旅客的管理的规定》（见图4-23）是中华人民共和国成立以来公布的第一个管理港澳同胞来往内地的规定。根据该《规定》，港澳同胞往返内地需申领出入通行证（见图4-24）。1956年改为申领"港澳同胞回乡介绍书"（见图4-25，4-26），其所申领的证书均为一次有效。1979年广东省公安厅制定了《关于港澳同胞回乡暂行管理办法》，将原来一次有效的"港澳同胞回乡介绍书"改为3年内多次有效的"港澳同胞回乡证"，并于1981年换发为10年内多次有效的"港澳同胞回乡证"（见图4-27）。

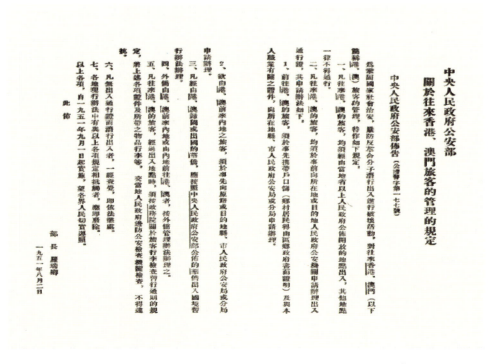

图4-23 1951年《关于往来香港、澳门旅客的管理的规定》

中华百年护照故事

图4-24 1955年中共中央华南分局社会部编印的《关于出入港澳旅客通行证管理工作》

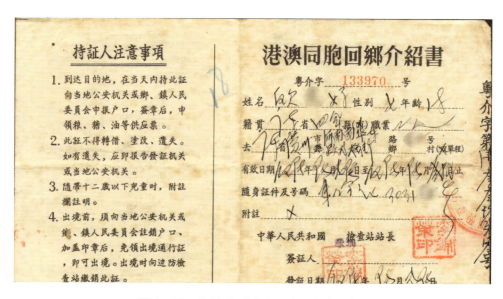

图4-25 1956年"港澳同胞回乡介绍书"

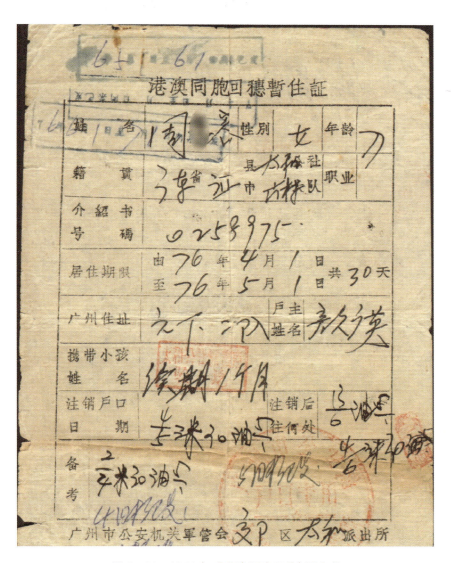

图4-26 1976年"港澳同胞回穗暂住证"

图 4-27 "港澳同胞回乡证"

  1999 年 1 月 15 日,"港澳居民来往内地通行证"启用。通行证为卡式证件,通行证有效期分为 3 年和 10 年两种:持证人年满 18 周岁的为 10 年有效,未满 18 周岁的为 3 年有效。2012 年 12 月 28 日,为提高港澳居民来往内地通行证的防伪性能，公安部启用新版"港澳居民来往内地通行证"（见图4-28）。

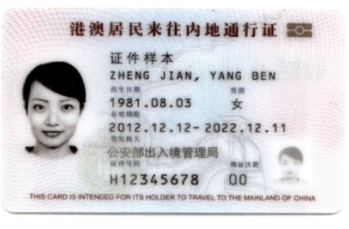

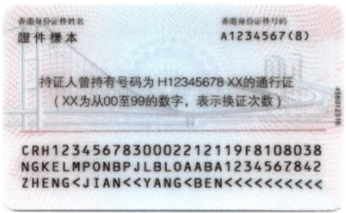

图4-28　2012版"港澳居民来往内地通行证"证件样本

　　1951年《关于往来香港、澳门旅客的管理的规定》要求大陆公民凭证来往港澳，同年广东省公安厅制定《关于修改通行证式样及简便手续问题的决定》，决定启用"广东省人民政府公安厅通行证"。1953年，该证改为"来往港澳通行证"（见图4-29），1956年又改称为"往来港澳通行证"（见图4-30）。1982年，公安部规定，内地居民所持"往来港澳通行证"分为"单程""双程"两种，即"中华人民共和国前往港澳通行证"和"中华人民共和国往来港澳通行证"（见图4-31），后来经过几次改版，现行版本为2014年公安部最新启用，为电子通行证形式。

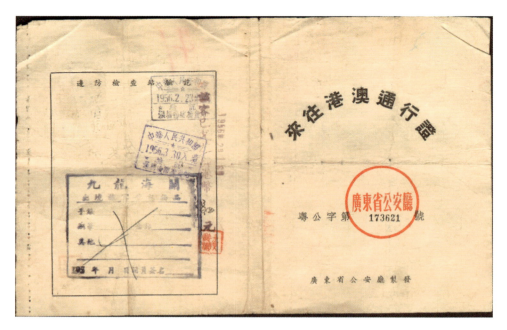

图 4-29　1953 年"来往港澳通行证"

图 4-30　1956 年"往来港澳通行证"

第四章 新中国护照

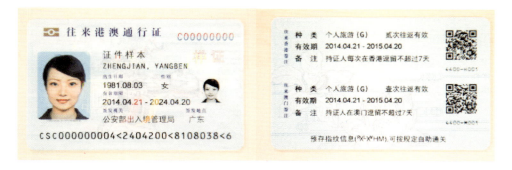

图4-31 2014年版"往来港澳通行证"样证正面以及背面

2. 来往台湾证件

为促进两岸交流，实现祖国和平统一，方便两岸同胞来往的相关管理制度及证照应运而生。两岸居民往来的证件主要是"台湾居民往来大陆通行证"（见图4-32）、"大陆居民往来台湾通行证"。

图4-32 2015年版"台湾居民来往大陆通行证"样本

"台湾居民来往大陆通行证"，简称"台胞证"，是中华人民共和国政府发给台湾人民来往大陆地区观光、商务、探视的身份证明，其样式与作用均类似护照。由于政治的原因，台湾当局方面仍视大陆地区为境外地区，因此台湾居民前往大陆时，仍需持"中华民国"护照出关，至大陆边检时，再以"台胞证"入境。这就造成了前往大陆的台湾居民在护照会有台湾方面的出境记录，却无目的地的入境记录的奇特现象。而"台胞证"则只有台湾居民进出大陆边检的记录,并无台湾居民来往目的地的出境记录。国务院2015年6月18日公布修改后的《中国公民往来台湾地区管理办法》,规定台胞来往大陆免予签注,该新《办法》自2015年7月1日起施行。

参考文献

[1] 江云. 中国护照制度史 [M]. 北京：中国人民公安大学出版社，2014.

[2] 公安部出入境管理局. 中国护照纪实 [M]. 北京：金城出版社，2006.

[3] 范振水. 中国护照 [M]. 北京：世界知识出版社，2003.

[4] 陈翰笙. 华工出国史料汇编：第一辑（四）[M]. 北京：中华书局，1984.

[5] 王铁崖. 中外旧约章汇编：第一册 [M]. 北京：生活·读书·新知三联书店，1957.

[6] 项觉. 中国出入境法律制度 [M]. 北京：中国人民公安大学出版社，1993.

[7] 项觉. 中国公民出入境指南 [M]. 北京：群众出版社，2006.

[8] 《中国领事工作》编写组. 中国领事工作 [M]. 北京：世界知识出版社，2014.

[9] 《新中国领事实践》编写组. 新中国领事实践 [M]. 北京：世界知识出版社，1991.

[10] 周南京. 中国华侨华人百科全书：历史卷 [M]. 北京：中国华侨出版社，2002.

[11] 陈潇俐，张今萍. 博物馆纸质文物库房环境监测与控制 [C] // 中国文物保护技术协会第七次学术年会论文集. 北京：科学出版社，2013.

[12] 徐佳峰. 浅析晚清外国人游历护照制度 [J]. 法制与社会，2015（26）.

[13] 张静. 中国护照"断代史" [J]. 中外文摘，2013（6）.

[14] 高东辉. 1882 年美国华侨护照问题研究——以黄华饶之护照为例 [J]. 五邑大学学报（社会科学版），2013（1）.

[15] 周国瑞. 近代清鲜护照制度之确立论述 [J]. 求索，2012（8）.

[16] 张霆，张永俊，汪培梓. 河南馆藏纸质文物保护调研 [J]. 中国文物报，2012（3）.

[17] 李平心. 简论纸质文物的受损原因及保护对策 [J]. 丝绸之路，2011（24）.

[18] 柴松霞. 晚清时期外人游历护照交涉始末 [J]. 中北大学学报（社会科学版），2011（4）.

[19] 唐军. 旅居海外华侨换发新中国护照始末 [J]. 档案春秋，2011（2）.

[20] 李佳禾. 简析我国护照制度及其发展 [J]. 中国科技纵横，2010（8）.

[21] 阎美宇. 浅析现行护照管理中的问题及对策［J］. 湖南公安高等专科学校学报，2009（6）.

[22] 张秀明. 改革开放以来侨务政策的演变及华侨华人与中国的互动［J］. 华侨华人历史研究，2008（3）.

[23] 柴松霞. 略论晚清政府关于来华外国人内地游历的执照制度［J］. 时代法学，2007（4）.

[24] 薛理勇. 中国清代护照［J］. 上海文博论丛，2007（1）.

[25] 赵丽洁. 清代执照、护照、牌照一览［J］. 档案天地，2007（2）.

[26] 高慧开. 中国护照近代化探微［J］. 武警学院学报，2001（2）.

[27] 薛理勇. 中国护照起源［J］. 寻根，2000（5）.

[28] 何星亮. 中国现代"护照"的产生及其发展演变［J］. 思想战线，1998（6）.

[29] 向党. 试论我国护照制度的形成与发展［J］. 中国人民公安大学学报（社会科学版），1986（4）.

[30] 宋伟荣. 民国时期来华外人护照管理探析［D］. 长沙：湖南师范大学，2014.

[31] 何国锋. 试论我国护照制度的完善［D］. 湘潭：湘潭大学，2003.

[32] 周雅淇. 江门五邑华侨华人博物馆馆藏近代护照研究［D］. 广州：中山大学，2016.